“十二五”国家重点图书出版规划项目
当代财经管理名著译库

公益之重

富裕阶层如何兼济社会福祉

WHY PHILANTHROPY MATTERS

How the Wealthy Give,and What It Means for Our Economic Well-Being

ZOLTAN J.ACS

（美）佐尔坦 · J.艾斯 著

李昆 李颖 译

东北财经大学出版社
Dongbei University of Finance & Economics Press

大连

辽宁省版权局著作权合同登记号：图字 06－2013－300

图书在版编目（CIP）数据

公益之重：富裕阶层如何兼济社会福祉／（美）艾斯著，李昆，李颖译．—大连：东北财经大学出版社，2014.4
（金融瞭望译丛）
ISBN 978－7－5654－1396－4

Ⅰ．公…　Ⅱ．①艾…②李…③李…　Ⅲ．公用事业－研究－美国　Ⅳ．F299.712.41

中国版本图书馆 CIP 数据核字（2013）第 298851 号

东北财经大学出版社出版发行
大连市黑石礁尖山街 217 号　邮政编码　116025
教学支持：（0411）84710309
营 销 部：（0411）84710711
总 编 室：（0411）84710523
网　　址：http：//www.dufep.cn
读者信箱：dufep @ dufe.edu.cn
大连图腾彩色印刷有限公司印刷

幅面尺寸：170mm×240mm　字数：148 千字　印张：11 3/4
2014 年 4 月第 1 版　2014 年 4 月第 1 次印刷
责任编辑：李　季　刘　佳　　责任校对：那　欣
封面设计：冀贵收　　版式设计：钟福建
定价：36.00 元

本书简介

长久以来，公益事业一直是美国文化的一个显著特点，但其在美国以及世界经济福利方面所起到的重要作用却一直未能得到充分的认识。《公益之重》一书对公益事业进行了深入探讨，指出它是市场经济机制中被低估了的一股力量。书中衡量了公益事业对自由市场机制的关键性影响，认为美国公益事业能够为其他国家财富的生产性投资提供一个借鉴。佐尔坦·艾斯分析了公益捐赠带来的财富循环，指出这种循环有利于平衡市场经济。佐尔坦·艾斯为我们呈现出一幅更丰富的市场经济画卷，展现出一面更准确的背景去思考政策，以此提振市场经济制度，为民众谋福祉。

艾斯通过研究自 18 世纪以来的美国式自由市场经济的活力，认为公益事业取得了三个重要成果。其一，它解决了财富的使用问题——占有财富，对其征税或者将其捐赠；其二，它在创造公共产品方面与政府互补；其三，公益事业通过聚焦教育、科学和医学，对经济发展和生产力提高起到了积极作用。艾斯为我们描述了众多个人使用他们的财富来进行机构建设和知识推广，其中就包括本杰明·富兰克林、安德鲁·卡耐基、比尔·盖茨和奥普拉·温弗瑞。艾斯还提到，公益事业通过提升至关重要的力量——比如大学研究，让市场经济获得优势，而这些力量是技术创新、经济平等和经济保障的必要条件。公益事业还能引导那些市场经济机制不够灵活的国家。艾斯以此为例，倡导一个更大的全球公益文化。

《公益之重》一书提供了一个市场经济发展的新视角，突出了经济进步、健康事业、美国的未来以及其他的广阔领域跟公益事业的重要联系。

作者的话

据说大大小小的发现都是历史的偶然，美洲的发现就是这种偶然之一。克里斯托弗·哥伦布是在寻找一条通往印度的海上航线时发现美洲的。本书的故事也不例外。1976 年，我还在大学读研究生时，我的毕业论文试图从大型公司和大型工会的角度来理解美国经济。我主要关注的是美国的钢铁工业，但同样适合于当时美国主要由大公司控制的几个行业。在研究通货膨胀时，我意外发现了美国式自由市场经济的一个异常现象。

当时大的钢铁公司如美国钢铁公司在全球市场的竞争中正陷入困境，同时新建的中小钢铁公司又不断从全美各地冒出来，和已有的钢铁巨头以及日本公司竞争。这本身没有什么稀奇的，但是人们都普遍认为在一个经济体中，大企业比任何小企业更具有技术上和组织管理上的优势。这样，我就开始了一个有趣的学术探索之旅，研究美国经济如何正在从管理型经济向创业型经济转变。

在这个偶然发现之后的数十年里，我成了创业和创新这个领域的一个学生：大企业和小企业，低科技和高科技，美国和全球其他地区。大卫·奥瑞兹（David B. Audretsch）是我在这个研究领域的主要合作伙伴，我们相识于 1979 年。提着一个装满数据的手提箱，我们一同前往柏林，试图破解大公司和小公司、创新，以及技术变化的秘密。和大卫多年来的合作以及他在学术上的洞见使我受益匪浅。

在柏林的 WZB（铁幕后的一个小岛），我和大卫部分解答了创业家正在如何改变美国经济以及政府正在如何有系统地瓦解管理型市场经济体制。通过这几十年的研究，我们认识到了小企业是如何运作的，以及为什么小企业在经济中发挥着重要的作用。

1989 年我回到美国，到巴尔的摩大学任教，这是一段令人激动的时期。全球经济的创业热潮已经开始，美国则在引领这个潮流。企业家开始改变这个世界，信息革命已经全面展开。

就在这个时候，我遇到了理查德·福罗里达（Richard Florida），随后我们就在创新和城市的重要性这个领域开始了合作研究。这是一个热门话题，因为波士顿的 128 号公路和硅谷是当时信息革命的发源地，每个人都想了解这两个地区是如何引发这次革命的。随着大多数国家开始经济转型，人们开始探索通过市场的途径来解决社会和经济发展中的问题。我和理查德，还有玛丽安·费尔德曼（Maryann Feldman）、阿提拉·瓦嘉（Attila Varga）以及李森永（Sam Yung Lee）开始共同研究城市和创业在经济发展中的重要性。理查德这些年来一直都是对我帮助非常大的同事。

在 20 世纪 90 年代中期，我在华盛顿待了 5 年。我先是在美国小企业管理局（U. S Small Business Administration）工作。对这个部门我并不陌生，在之前的很多研究中，我都使用该部门提供的数据。在美国小企业管理局工作期间，我意识到有必要制定相关的政策来支持创业型经济。管理型经济的政策议程已经相当成熟，但创业型经济如何运作以及政府如何对其进行支持却不太为人所知。在华盛顿，我遇到了凯瑟琳·阿明顿（Catherine Armington），我们随后一起在美国人口普查局（U. S. Bureau of the Census）工作了数年。对她其间提供的帮助我深表感激。

本书故事的第二个偶然源于我的老朋友，投资银行家安德鲁·凯彼曼，他告诉我公益活动在美国式自由市场经济中发挥着和创业活动同样重要的作用。他说："看看耶鲁大学那些漂亮的建筑，它们都是由富人捐赠的。"对于研究者来说，问题的挑战在于如何将这两个东西拼到一起。公益活动是如何与美国式自由市场经济融为一体的？这听起来有点像道家的哲学：明和暗，阴和阳。每件事情都有阴阳两面，因为没有黑暗，光明也就不存在，反过来也是如此。但在某一个特定事物上，其中的一面可能会表现得更强，而后又随着时间的推移减弱。

我对此问题很有兴趣，因此，正如一个训练有素的学者会做的那样：我去找与创业和公益活动有关的书籍。因为这是一个很有意思的问题，我想学者们应该已经进行过深入的研究了。由于对创业的文献已经很熟悉了，我就开始阅读有关公益活动的文献。在这个领域，我发现了涉及方方面面的大量文献，从富裕的个人到伟大的基金，但就是找不到任何将创业和公益这两个主题联系起来的东西。我越看越有兴趣，不是因为我发现了什么东西，而是因为我找不到我想要的东西。

在美国经济学会的会议上，我遇到了一个老朋友和同事，我刚刚在这个会上对着一群反应冷淡的听众就有关该问题的一篇论文做了一个报告。罗尼·菲利普斯（Ronnie Phillips）是北科罗拉多大学的教授，他是美国制度主义学派的信徒，因此我就向他解释了我遇到的困惑。他对此非常感兴趣，我们随后启动了一个探讨创业和公益活动关系的研究项目。经过漫长的三年之后，我们对所想要寻找的答案有了基本的了解。虽然答案仍然非常粗略和不完整，但是开始讲得通了。美国曾经与众不同，但美国已经忘记自己曾经与众不同了。

在此基础上，瑞典皇家学院的庞特思·布劳纳希约姆（Pontus Braunerhjelm）和我开始合作研究该课题。我们在创业和公益关系上展开了若干项研究，将瑞典和俄亥俄州进行比较。将此问题放到经济增长的大背景下，我们开始解释为什么美国经济比欧洲发展得更快。与此同时，麦吉尔大学的里奥·保罗·丹娜（Leo Paul Dana）和我着手研究中国的公益活动。

2004 年，大卫·奥瑞兹和我重返德国，在耶拿的马克普朗经济研究所（Max Planck Institute of Economics）组建了一个创业、增长和公共政策研究室。人们都在探讨创业经济在美国、欧洲和世界其他地区是如何运作的，我坚信公益活动应该是答案的一部分。马克普朗经济研究所已成为理解 20 世纪创业的领先研究机构，为我们理清自己的思路提供了优越的条件。

2005 年，我去了乔治梅森大学。乔治梅森大学的公共政策学院为我的研究真正打开了一扇窗户。在这里，我对"美国例外主义"（American Exceptionalism）的思想进行了较为深入的理解。公共政策学院的副院长罗杰·斯道（Roger Stough）对我的想法很感兴趣，对他的支持我深表感谢。我和公共政策学院一群非常优秀的研究生一起工作：Hezekiah Agwar、Mary Boardman、Pamela Miller、Joseph Sany、Nicola Virgil，以及 Vekataramana（Rama）Yananaudra。玛丽和拉玛作为研究助理，为研究近几个世纪以来企业家和公益家的关系提供了宝贵的支持。

我也曾接受堪萨斯城的尤因·马里恩·考夫曼基金会（Ewing Marion Kauffman Foundation）授予的一个高级学者职位，在那里我见到了该基金会的主席卡尔·施拉姆（Carl Schramm）。他是我遇到的人中第一位理解我的发现的重要性的人，并且和我一样对公益和创业在美国式自由市场经济中的重要性持有非常相似的观点。他在这个问题上的洞见使我受益匪浅。

2009 年，我在伦敦帝国理工学院商学院进行学术访问，这为我提供了一个机会来系统地思考公益行为如何与市场经济融为一体。我的同事伊尔科·奥休（Erkko Autio）和大卫·甘恩（David Gann）为我提供了理想的工作环境，对此我深表感谢。到了该年的夏末，我已经写出本书的初稿，感觉我开始将一个前人未知的故事串起来了。

2009 年秋季，玛丽·波德曼（Mary Boardman）和我花了一学期的时间来研究英国和美国的慈善和公益行为，这对本书的写作起到了极其重要的作用。我的长期合作者和同事菲利普·奥尔斯瓦尔德（Philip Auerswald）要我和他合写一篇有关繁荣的论文。其间，关于市场经济的一些思考逐渐成形。

2010年夏天的一件事改变了我的研究，当时数十名美国的亿万富翁签名承诺捐献自己的财产。在2010年的秋季学期，乔治梅森大学的一名研究生米歇尔·马卡多（Michelle McAddo）协助我将本书的内容加以整理，使其能够让更多的读者更容易理解。她提供的帮助非常宝贵。帕梅拉·卡拉汉（Pamela Callahan）和大卫·米勒的加入使我的研究团队进一步扩大，前者研究的是巴菲特和比尔·盖茨共同发起的“捐赠承诺”（The Giving Pledge），后者在其毕业论文中将美国大学、创业和美国西进运动结束的历史结合到一起进行研究。

2011年夏天，我回到伦敦帝国理工学院，写了本书的第二稿。此时，我觉得我已经能够把创业和公益事业的关系讲清楚了。我想要感谢多迪·瑞格斯（Dody Riggs）和玛德琳·B. 亚当斯（Madeleine B. Adams），前者仔细校读了本书的多个修改稿，后者编辑了本书的最后一个修改稿并提供了建设性的帮助。

我还要特别感谢普林斯顿大学出版社的彼得·道赫蒂（Peter Dougherty），他立刻理解了本书的内容并将其导向一个更为凝练的主题——公益事业在美国式自由市场经济中被低估了的作用。将书稿带回这个中心主题，就必须增加一段对美国历史、美国政治和机会创造的更加详细的回顾。

我很高兴地感谢普林斯顿大学的阿什利·艾克思（Ashley Acs），他对美国政治深入和广泛的了解使我受益匪浅，他不厌其烦地审阅了本书的多个修改稿，更正了其中表达不清和理解有误的地方，为本书定稿成书提供了极其重要的研究支持。他对本书若干章的内容进行了研究，帮助重新组织草稿，他良好的写作水平为本书增色不少。尽管阿什利还是一个研究生，而我很久以前就已经是教授，但在本书的编辑过程中我们的角色常常颠倒过来，我因此收获颇丰。

除了上面提到的那些人，我还想感谢 Alan J. Abramson、Bo Carlsson、Leo Paul Dada、Jack Goldstone、David Hart、Kingsley Haynes、Jill Kickul、Zerb Laszlo、Connie McNeally、Jay Mitra、John Munkirs、Larry Plummer、Edward Rhodes、Mark Sanders、Siri Terjesen、Roy Thurik、Attila Varga、Thomas Vietorisz、Robert Wuebker，以及我在乔治梅森大学和伦敦帝国理工学院的同事为本书提供的宝贵意见和建议。为本书提出建议的还有 Imre Kovacs、Kevin McCarthy、Oliver Rothschild、Spencer Stacy 和 Tom Vander Ark。

我特别要感谢我的妻子简（Jane）和我的家人，他们在过去 15 年里不得不忍受我喋喋不休地讨论创业和公益。

目　录

第 1 章　一次谈话

一个有钱人如果到死还很有钱，那就是一件可耻的事情。

——安德鲁·卡内基

2010 年 10 月 3 日，《华尔街日报》刊登了一篇名为“美国超级富翁将分享财产”的文章。该文章说的是“捐赠承诺”——一项由比尔·盖茨和沃伦·巴菲特发起的，号召全球最富裕的个人和家庭在自己有生之年将一半的财产捐赠给社会的活动。此项倡议源于盖茨和巴菲特在此前一年中与富翁们的交谈，倡议初始，就有 40 名美国亿万富翁签署了该承诺。这篇文章发表在签名的第二天，湮没在当天报纸刊登的众多消息里，起初似乎并没有引起太大的反响。

我预期该事件会很快被公众遗忘，就像此前十年中我跟踪过的一大堆其他有关公益事业的报纸和杂志文章一样。但这次，捐赠承诺的消息就像长了腿！在签字仪式后的三个月内，这是美国国内最热门的话题之一，到了当年年底，推特上 7%的流量集中在该话题上。捐赠承诺激发了对公益事业这个话题的公共讨论，重启了关于公益事业在美国市场经济中所扮演的角色的争论。

很多签名者发表的公开信有助于我们了解这些公益事业家希望通过捐赠他们的财产达到什么样的目的。《星球大战》系列的制片人乔治·卢卡斯（George Lucas）在捐赠承诺活动的网站上写道："我捐赠自己大部分的财富用于改善教育，这是人类生存的关键。"微软公司创始人之一保罗·艾伦（Paul Allen）写道："我们将寻找能改变我们后代生活的新机会。"eBay 的创始人彼埃尔·奥米迪亚（Pierre Omidyar）写道："人们都有潜在的能力，但往往缺乏相应的机会……我们共同的目标是为将来的人们带来希望。"

很多"捐赠承诺"签名者发表的公开信将公益捐赠等同于为人们创造新的机会。正如我希望在本书中揭示的那样，捐赠的循环——从公益捐赠到创造新的机会——在这个国家的历史进程中是美国式自由市场经济的一个核心要素。美国人捐赠财富的动力，以及他们慷慨行为的结果，都深深地植入了美国的企业家精神——这个制度既孵育了个人的创新，也支撑了每年超过 3 000 亿美元的私人捐赠行为。

尽管乔治·卢卡斯和保罗·艾伦等签名者慷慨解囊，但对"捐赠承诺"的许多公众反应是批评性的，人们对公益捐赠的动机常常持讥讽态度，并认为此举削弱了民主程序。美国《标准周刊》（The Weekly Standard）的读者攻击"捐赠承诺"是"哗众取宠"和"作秀"。德国《明镜周刊》(Der Spiegel）在其国际版中报道说："一名亿万富翁抨击此举为'很糟糕地将国家的权力转移给亿万富翁。'"然而，这些攻击是误导人的，因为它们没有认识到公益捐赠并不是什么新的时尚，而是源于我们的创业体系，并在创业体系中非常常见。

除了那些批评公益事业，认为它缺乏可问责性（accoutability）的人外，其他人则质疑公益捐赠希望达到的目的。2010 年取代比尔·盖茨成为世界首富的墨西哥电信业巨头卡洛斯·斯利姆嘲笑"捐赠承诺"之举，他说："慈善解决不了任何问题。"斯利姆本人就是一个公益事业家，但他质疑"捐赠承诺"的签字者所承诺捐赠的财富是否能带来任何可以衡量的社会进步。他带有挑衅的言论引出了一个有趣的问题，尽管这个问题也许不是他有意提出的。我们如何定义或划分公益（philanthropy）和慈善（charity）？我在本书从头到尾都坚持认为，公益和慈善是两件不同的事情，尽管在公众讨论和在对“捐赠承诺”这样的事件的反应中它们常常被等同起来。

公益事业会带来公益捐赠者和受益者之间的互惠关系。当公益捐赠者做出某项公益投资时，同时也需要受益者做出某种投资——比如时间和精力——才能从捐赠的财物中获益。例如，以富人捐赠开办大学为例，利兰·斯坦福就捐钱成立了以他已过世的儿子命名的斯坦福大学。利兰·斯坦福的捐赠受益者——斯坦福大学的学生——如果不投入自己的时间和精力去获得斯坦福大学的学位，就无法从中受益。简而言之，公益事业是一项能够激发起其他投资的投资。相反，慈善事业，不要求受益者这样做。例如，食物施舍处就是慈善性质的，因为受益人只需要到那个地方就能享受到好处。

你也许会问，那又怎么样？公益和慈善之间的区别不过是在细枝末节上而已。公益和慈善不是同时存在么？简单地回答是。慈善一直都存在。慈善救济行为的历史和人类文明一样古老，同时某些公益形式也有很长的历史。对艺术活动赞助的历史也和人类文明一样古老。但是，美国创造性地运用了公益，不是为了公益而从事公益，而是通过公益为广大的中产阶级创造机会，通过辛勤工作和奉献来建设一个更好的社会。我并不想争论说慈善是一件坏事，公益和慈善并存很重要，我想指出的仅仅是：只有能够为个人创造经济和社会机会的慈善捐赠才能被认为是公益。公益事业对社会存在长期的正面外部效应，长远地看，公益事业能够创造一个更好的社会。

公益涉及美国社会的各个方面，从早期儿童教育项目到生物科技领域的前沿研究。如果我们观察大部分公益捐赠资金的流向，公益和受益者之间的互惠关系就更明显了。以生物科技行业为例，公益捐助资金只有和训练有素的，能将研究经费转化为救命药物的科学家相结合，才能产生硕果。公益捐赠者为研究人员提供的机会是互惠的，因为研发出来的救命药品可以让患者康复后重新加入劳动者队伍。

1.1 公益事业和美国

“捐赠承诺”肯定是近代以来有关公益捐赠最引人注目的讨论之一，它凸显了一些美国商业领袖致力于在市场分配机制之外为社会提供更多的机会。但这些个人的行为在多大程度上反映了美国人慷慨解囊的捐赠行为更广泛的、更本质的特征？在本书中，我认为要理解美国人的公益捐赠行为就需要了理解美国人的精神和他们对促进创业与增加个人机会的执着。

捐赠承诺重新激发了美国人对公益捐赠的讨论，但这场新的讨论实际上是美国历史上一场从未中断过的对话的延续，最早可以追溯到第一批到达北美的英格兰殖民者。清教徒领袖约翰·温思罗普（John Winthrop）1630 年在驶往新世界的阿拉贝拉号（Arabella）船上做的布道就是很好的一个例子。温思罗普的部分同行者是为了逃避宗教迫害而前往新世界避难的，相应的，温思罗普的布道题目是“基督教慈善的典范”。此布道一方面指出了勤劳的必要性，另一方面也论述了节俭和谦卑的重要性。

17 世纪和 18 世纪来自英格兰的早期殖民者在前往北美时，他们刚离开的故国即将迎来创业、发明和经济的爆炸性增长。尽管如此，英格兰仍然是一个封闭的社会，上述活动的参与者大多限于那些拥有土地和贵族头衔的人。这种情况在拥有土地的贵族身上最明显，他们享有巨额的财富和与其人数不成比例的政治影响。即使是推动毛纺织业的巨大进步也几乎只给那些继承了土地的人带来了好处，他们利用土地财富参与到这个创业上升期的经济发展中。

如果当年的清教徒生活在今天，他们可能对美国商业的现状不会完全满意。清教徒对过度的逐利行为是抱有戒心的，不是因为他们反感企业和工业，而是因为他们反感背离了自立和勤奋工作的原则而获得的横财。类似的，当今美国人看重创业成功，对通过继承遗产而获得的财富感觉有些不自在。因此，在安德鲁·卡内基出版他的《财富的福音》一书之前数百年，那些离开欧洲的清教徒和早期美洲殖民者就已经为随后一代又一代痴迷于创业的美国人打下了精神和道德的基础，确保在北美这个新世界获得的创业利润完全不同于在旧世界获得的源于权力的租金。寻租行为是指某个利益集团（在旧世界指贵族）试图将利益分配变得对自己更有利。这一类行为不会增加社会的财富，不过是仅仅改变了社会财富的分配格局。

通过这些价值观，美国的试验成功地实现了利他行为和自利行为之间的平衡。自利和利他虽然出于完全不同的人类行为动机，但事实上都是人类本性中的基本特征，对维持任何社会的生机与活力都至关重要。正如我在本书中表明的，公益是持续滋养和复兴一个社会的隐形社会契约的一部分。

公益事业也是美国式自由市场经济发展中一种无形的、被低估了的力量——一个被人们在分析市场经济的运行机制时忽略了的秘密因素。将这个因素考虑进来，我们将会得到一幅有关市场经济的，更丰满、更接近现实的图画，从而能够使这个机制更好地运行。如果我们想要通过合理的政策引导市场经济向更好的方面发展，我们就必须将公益的角色考虑进来，重新思考——正如在约瑟夫·熊彼特之后，我们开始重新思考创业在市场经济中的角色。

1.2　美国式自由市场经济

大萧条之后，美国式自由市场经济在美国的未来被推到争论的前沿。这场争论中的一个问题是：美国是否也应该像欧洲国家一样，政府更多地介入市场，干预经济。从很多方面来说，政府在源于贪婪和缺乏远见的金融危机之后做出这种膝跳式的本能反应是非常典型的，尤其是当危机之后经济长时间陷入不景气状态的情况下。人们在分析美国式自由市场经济时使用的标准模式是将问题聚焦在大政府和小政府的冲突上——私人管理的财富和政府运营的企业（私有化的医疗保健和政府运营的项目）、工会和资方、管制和个人自由等方面。

这些长期的争论，最初源于新政和社会的意识形态冲突，以及美国人对欧洲模式的社会民主的优点的不认同，降低了我们对美国式自由市场经济中创业因素的关注。创新活动在美国的生死存亡并不取决于我们是否又设立了一个政府部门，或者在大公司和工会之间的劳资纠纷的具体细节上我们是如何裁决的。真正对其有影响的是政策制定者如何致力于创造必要的环境来孵化创新活动，以及培育一个让这些创新成果能有效地商业化的环境。

市场经济要求个人和政府之间互动——在贸易和控制之间。在这一点上，即使是最极端的右翼政治派别和左翼政治派别，总的来说，他们的看法还是一致的。每一个社会都会选择它自己的规则来规范这种互动。什么是美国式自由市场经济？美国式自由市场经济和其他模式的市场经济有区别么？美国式自由市场经济一直在抵制那种政商勾结的关系——这代表了我认为是全世界最坏的市场经济的例子。当然，在美国和欧洲之间存在许多差别。欧洲具有不同的劳动力市场和劳动法，同时它的社会服务，例如全民医疗保险制度，要强大得多。但是，其中一个关键的不同在于创业和创新活动的活跃程度。在1950—2007年间，欧洲仅产生了12家新的大公司，而同期美国产生了52家。在1975—2007年间创立的公司中，欧洲只有3家公司进入全球最大的500家上市公司的名单。

我的学术生涯花在了研究创业活动上，主要是美国和欧洲的创业活动，但也包括全球的。我第一次接触到独特的美国式自由市场经济这一概念是在我研究美国的创业和创新活动的数据的时候。创业活动在任何地方都很重要，美国对创业活动具有其他国家所没有的磁铁般的吸引力。例如，在最近一次基于创新、风险投资、高成长公司所占比例等变量对 79 个国家所做的排名中，美国位列第一，比欧盟、巴西、中国和印度排名很靠前，甚至排在丹麦、新加坡和以色列等创业型小国之前。

创业活动在美国的成功在很大程度上要归功于美国为有才华和勤奋的移民所提供的机会。在全球性的人才争夺战中，美国之所以能够胜出是因为它为人才提供了机会，这一方面体现在通过市场创造的工作机会上，另一方面体现在教育和高科技研究上，而教育和高科技研究又与公益捐赠相关。在美国，20%的高科技企业是由移民创办的，或移民是其创业团队的成员之一。

美国式自由市场经济——即吸引和维持创业活动的能力的核心，是对创造性破坏周期（cycle of creative destruction）的认可。对某些人而言，这是一把双刃剑。一方面，创造性破坏的力量使得创新成果替代了旧的公司和产品。但另一方面，这个过程也会带来伤害，因为这个过程中的失败者会失去工作，在某些情况下整个城镇和地区的经济都会受到打击。在一些国家，政府在阻止创造性破坏出现中扮演了积极的角色，而美国政治家——应该也包括选民——支持的是一个允许创造性破坏出现的制度。美国人似乎认为，尽管创造性破坏带来了不确定性，但它也孕育了社会和经济的活力，同时，也许最重要的是，它激发了美国式自由市场经济的创业精神。

因此，美国式自由市场经济的问题不在于创造性破坏带来的赢家和输家之间的矛盾，真正的问题在于允许创新者获得大量的财富和保护所有美国人的机会之间的矛盾。如果政府和社会从任何一方的角度向这个制度施加太大的压力，美国式自由市场经济的平衡就会发生根本性的改变。

的确，美国不断扩大的贫富差距可能会在穷人和富人之间造成持续的社会阶层断裂，带来无可挽回的伤害。除了其他问题，它可能会伤害到我们的英才教育——我们依靠这个体系将英才和好的想法配置到最能发挥他们作用的地方——而英才教育是一个健康的创业型社会所需要的。但另一方面，对允许财富大量聚集在个人手中的制度施加太大的压力又可能伤害到激励机制。正如我在本书中所讨论的，公益捐赠在缓解鼓励创造财富和强化机会平等之间的矛盾上发挥了重要的作用。

财富如果要起到振兴市场经济机制的作用，它就必须处于循环流动的状态，就像行星围绕太阳转动那样。在这一点上，美国的公益捐赠起到了非常好的作用。只有通过来自公益捐赠的投资——特别是通过被我称为公益创业机制的有组织的、大型的网络——才能纠正市场经济增长的内在的不平衡性，建立出一个可以自我维持的过程，使得社会在支持财富创造的同时也兼顾社会创新和机会平等。

公益事业家从两个方面强化了美国式自由市场经济。首先，当公益捐赠的对象是大学、研究机构或其他有创造性的用途时，这就为新一轮的创新和创业打下了基础。作为一个经济学家，我理解要准确衡量公益捐赠对经济增长的贡献并不容易。

但我们比较能够肯定的是我们周围到处都是公益捐赠的成果，从我们的医院、学校到我们的博物馆、交响乐团和数不清的其他文化机构。以洛克菲勒基金会为例，该基金会是由约翰·洛克菲勒利用他在 19 世纪末在石油工业上赚取的巨额财富而成立的。该基金会资助了一些美国最优秀的研究中心，比如芝加哥大学、洛克菲勒大学（医学研究中心），以及布鲁金斯学会（一个无党派的政策研究所）。

公益捐赠强化市场经济的第二个方面在于：公益捐赠和创造性破坏一样，为社会提供了一种机制来消解过去积累的财富，将其重新投资，以强化未来的创业潜力。通过这个循环过程，公益捐赠为如何对待财富这个问题提供了部分答案，即财富必须重新进行循环，为那些在起跑线上需要帮助的人提供机会，从而促进社会的稳定。如果不存在公益捐赠，财富就会一直集中在少数人手上，寻租行为泛滥，创新活动受到打击。因此，公益捐赠在美国式自由市场经济中发挥的作用远远大于目前经济学家们所认为的那样。

公益捐赠还可以减轻社会的不平等，因为它为冷冰冰的市场经济加入了人性化的因素。将财富重新进行循环减少了收入的不平等，有利于建立一个更加公正的社会。如果你留给下一代的只有钱，那么你就是将贫困留给了他们。他们会将继承的财富挥霍殆尽。过去是这样，现在仍然适用于那些旨在保护贵族阶级的制度。和欧洲的传统不同，美国的公益捐赠者不想将钱留给下一代，他们想把机会留给下一代。

同样重要的是，我们应该看到公益捐赠自身的运作机制就是创业性质的。公益捐赠人士是机会的创新者。他们寻找社会最需要的地方——也就是他们的捐赠能够产生最大影响的地方——并建立起相应的网络和机构来实现他们的目标。因此，公益捐助和强调个人自由、崇尚白手起家的美国价值观是一致的。

对公益捐赠的批评之一在于其缺乏可问责性，主要是因为公益捐赠者以及他们建立的用于分配他们捐赠的财富的基金会不需要直接接受公众的监督。然而，公益捐赠不可能在真空环境中进行，相反，在过去的一个世纪中，公益捐赠活动是建立在美国的富人与医疗、教育和市民社会领域的进步浪潮之间的合作伙伴关系之上的。

公益捐赠者自己对于捐赠资金的使用不可能提出可持续的倡议，他们必须依赖市民社会、医疗或科学领域的现有状况来找到可实施的项目。例如，在设立洛克菲勒大学时——这是美国的第一家生物科技研究机构——约翰·洛克菲勒并不是无中生有地开创了生物科技研究，而是整合了他认为能够为他的捐赠带来声誉的，当时已有的研究倡议和需要优先研究的科学问题。

不要将公益捐赠误以为是社会致力于公共利益的唯一方式。政府支出——源于向美国人，特别是富人征收的税收——也在将财富再投资于诸如医疗、科学研究和教育等领域内创造机会的企业。然而，在美国，我们的模式中绝不是像大多数欧洲国家那样，仅仅依靠政府支出。

美国和欧洲国家之所以不同，部分是由于美国的政治家和选民对较高的税收以及政府在工业和社会领域更广泛的介入的抵制。特别是税收，这在美国人眼里一直是属于“必要之恶”，是和美国人持有的个人自由的观念相冲突的，因此常常没法作为可行的政策工具使用。在过去几年中，在次贷危机之后，选民对税收的反感以及政府无法在很多政策领域采取行动凸显了这些问题。公益绝对不会是利用财富创造机会的唯一办法，但这是美国的解决办法的必要部分。

正如美国前总统比尔·克林顿所指出的：“在政府所能提供的服务和私人领域所能提供的服务之间，总是存在一个缺口。慈善捐赠长期以来对弥补这个缺口起到了很大的作用。但是，随着我们的世界和经济的发展，我们有机会，也有责任重新思考如何弥补这个缺口——重新思考经济挑战和社会挑战之间的关系，从而使更多的人能获得财富和机会。”公益捐赠，无论当克林顿写这段话的时候是否意识到，长期以来一直是美国式自由市场经济核心的一条未曾阐明的原则：即那些积累了大量财富的人必须通过将财富重新投资到社会中去，来不断地创造机会。在本书中，我们将探讨大多数美国人，包括富人等，在历史上是如何印证这条原则的，从而揭示公益捐赠在推动经济增长和繁荣中所扮演的隐秘角色。

我们的社会目前正在进行的关于公益捐赠的这场对话非常有趣，因为公益捐赠者并没受到普遍的理解或赞赏。只要你想想有些人是多么讨厌比尔·盖茨，正如他们误解了所谓的“强盗式资本家”安德鲁·卡内基和约翰·洛克菲勒。他们的钱被认为是肮脏的。但是，如果捐赠财富是打开机会与繁荣之门的钥匙呢？将财富回赠社会的确很重要，这也是为什么全社会正在围绕这个话题进行讨论。

本书是对当代美国式自由市场经济的一个思考，主要聚焦于两方面的问题，即创业和公益之间的互动关系以及财富创造和机会之间的互动关系。本书利用几个世纪以来美国历史和制度上的事实来说明自己的观点。很多公益捐赠者都出身贫寒，靠自己的奋斗创立了一番事业，随后又用自己的钱来帮助改善这个世界。社会为他们提供了成功的条件，他们又反过来回馈社会，帮助其他人克服生活中的困难，去取得自己的成功。美国式自由市场经济的动力——一个由机会、创新、财富创造和公益捐赠相互联系形成的自我维持的循环已经持续数百年了。

我们的故事始于美国的建国以及美国人如何创业的动态力量，在财富创造和机会之间打造出了一种新型关系。美国的试验是建立在人们能够前所未有地发挥自行决定的自由和自力更生精神的基础上的。但是，随着时间的推移，新形式的制度权威（institutional authority）和内部约束的出现得以将这些强大的力量导向公共利益。美国式自由市场经济并不是说美国的模式体现了一个更好的政治经济体制，而是说美国的体制跟其他任何国家相比都存在根本的不同。

制度之所以重要是因为它设定了游戏的规则，并决定了影响我们行为的激励机制结构。制度包括了我们为规范人们的行为而设计的任何形式的约束。制度可以是正式的，也可以是非正式的：税收政策、法治、宗教等等。继承法也是一个例子。在法国，你必须将你的财富留给你的家人，而美国就反对这个习俗，其法律允许将钱留给家庭成员以外的人。制度约束的内容包括：禁止什么人做什么事情，在什么情况下某种行为是可以做的，谁会被惩罚以及谁会被奖励。

但是，今天的美国并不是一片莺歌燕舞。两个平民主义的政治运动正在同时进行：茶党和占领华尔街。近年来，政治修辞（political rhetoric）对美国式自由市场经济特征的指责越来越多。约翰·爱德华兹提出的“两个美国”论就是其中的一个例子。美国可能是第一个将市场经济的活力与创业活动非常成功地结合起来的现代国家，但是，我们也可能成为对这种制度的优势吹嘘过度的第一个国家。正如沃伦·巴菲特所指出的：“我们可以迎接任何挑战，但是如果民众觉得实际上我们实施的是财阀统治——一个由富裕阶层统治的国家——那我们就会失去力量……我们必须同舟共济。”

在过去的几百年中，对捐赠的激励机制或对人道主义的态度并非在任何社会都是清晰可辨的。罗伯特·肯尼迪在40多年前写道："在太长的时间里，我们为了物质财富的积累，似乎过分地牺牲了个人成就和社会共同体的价值。"我们是否设定了正确的激励机制来诱发好的行为？E.J. 迪翁写道："多亏了米特·罗姆尼（Mitt Romney）、瑞克·伯瑞（Rick Perry）和纽特·金里奇（Newt Gingrich）。"如何处置个人财富的社会对话将这场辩论推到了美国意识形态的最突出的位置。

2007年6月7日，威廉·亨利·盖茨三世（即比尔·盖茨）在哈佛大学的毕业典礼上发表了演讲。他说，现在美国最优秀的人才都只关心财务上的成功，这使得整个社会缺乏道德模范。贪婪代替了得体的行为，同时美国人过度痴迷于如何获取财富，而不太关心如何使用财富这个真正的问题。盖茨提醒我们，在一个成功的社会里，正如在一个竞技场里一样，终点标杆需要定期重置以利于公平竞争。重置标杆有助于参加者表现得更好、更强和更快，同时也有助于比赛设备变得更具创新性。因此，生活就像是竞技场，现在我们需要重置我们的终点标杆。

这样，我们将面对的最后几个问题是：美国式自由市场经济行得通么？我们是否需要作出一些改变，以强化创业精神和公益捐赠之间的关系，以及财富和机会之间的关系。本书的目标之一是分析哪些政策可以继续更好地促进公益捐赠创业活动与美国式自由市场经济的结合。的确，在这个经济动荡、极化政治（Polarized politics）和收入差距加大的时代，确保美国式自由市场经济创业精神保持其提供机会的能力显得尤其重要。

1.3 结论

本书是写给我的经济学家同行们和涉足经济问题的社会学家们、那些需要理解这个问题的他们的学生、他们希望影响的政策制定者，以及一般公众中关心自己的孩子未来的那些人。如果我们的领导人在他们的顾问的帮助下，想要制定一个能带来社会稳定、经济可持续增长的政策并促进机会的公平，那么公益捐赠就是一个关键的，虽然不太为人所理解的因素。影响公益捐赠行为的制度和公益捐赠者建立的机构需要得到更好的理解。影响到公益捐赠的规则有一个演变的过程，我们需要更好地理解这个过程以最大程度地发挥美国式自由市场经济的这个独特的力量。

人们常常通过一些容易表述的数据来说明美国的繁荣，如 GDP 和 GNP。这些数据让我们可以很容易地在不同的国家间进行比较，从而提供了一个评估某个经济体表现的稳定的量化指标。然而，这些易于进行对比的数据也掩盖了实际经济生活中企业和政府活动的具体特点，而正是这些特点赋予了经济力量和活力。在本书中，我的目标是不仅要从 GDP 的角度来思考美国的繁荣，而且也要从一些在我看来决定了美国经济的力量和弱点的关键特点来思考美国的繁荣。本书是围绕美国式自由市场经济的四个特点来组织的：机会、创业精神和财富创造，以及公益捐赠。

我将这些特点定义为潮流，就像海洋里的海流。在不同的时间和空间，海流随着海底地形、海岸线和其他海流的变化而变化。对于美国经济来说，我上面描述的这四种“潮流”没有一种是经济增长的必要或充分条件。每一种潮流在促成历史上某个特定时期美国经济的独特繁荣中都扮演了一个重要的角色，而且常常是在其他潮流的力量帮助下发挥其作用的，虽然不一定都是如此。不同的潮流之间是相互关联的，但有时某种潮流的力量盖过了另一种潮流的力量，无论结果是好是坏。

用这样的方法来思考美国经济的好处在于，这能够让我们批判性地审视美国经济在任何时候取得的成功的性质。例如，我会把今天的美国经济描述为高度的创新、高度的财富创造，以及中度的公益捐赠——在很多方面类似于 19 世纪末、20 世纪初的镀金时代。但是，我们还需要进一步追问美国的经济制度是否为所有的个人提供了有意义的经济机会。因此，有很多值得我们乐观的地方，但也有需要小心之处。

我们前面用“潮流”进行的比喻为本书的章节结构提供了一个路线图。第 2 章到第 5 章每一章分别讨论四个潮流中的一个。第 6 章进行综合讨论，第 7 章将这些潮流与全球经济中的其他主要国家进行对比。将公益捐赠当作是四个主要潮流之一有助于大大提高其重要性，这种重要性此前在有关美国经济和美国繁荣的公共讨论中是被严重忽略了的。

第 2 章　制造机会

（一些美国人认为）“经济自由就是为不平等提供的平等机会。”

——詹妮弗·奥克齐德

2.1　四千年

在大多数有记载的历史中，文明社会很容易地被划分为两个阶级——我们把它们称之为地主阶级和农民阶级。每个阶级的生活水平没有多大的变化，如果确有变化，也是非常缓慢的，一个人在其一生中难以察觉。地主一般通过压迫或寻租来获取和保有财富。地主可以选择战争和掠夺，他们也可以向使用他们财产的农民和牧民收取税负和租金。地主和农民之间一直存在矛盾，但是如果你想要改变自己的处境向上发展，只有通过发动革命。

当然，有些地主比其他地主要富裕一些，他们拥有更多的土地和政治权力，但即便是最穷的地主也有收租的能力，因为他们拥有财产。企业家性质的地主，我们姑且这样称呼他们，通过获取更多的土地可以谋求升级，但是这需要去讨好拥有土地分配权力的决策者，获得他们的许可，否则就只能通过发动一次革命来推翻这些权力阶层。所以，即便是拥有土地的地主也很少能够得到改善自己状况的机会。当然，农民的情况就更加糟糕，他们大多数是牧羊人或者农夫，只拥有最基本的生存条件：几乎所有的收入都用来购买食物满足全家生存需要和交给地主作为租金。这种封建制度下的生活状态在 18 世纪之前几乎没有什么变化。在 18 世纪，技术创新改变了游戏规则：一个人拥有土地的多少变得不再是最重要的，最重要的是他是如何利用土地的。

最巨大的变革发生在英国。到 18 世纪 50 年代时，一系列的农业革新，如农作物的轮种和畜牧业的规模化经营等极大地提高了农业的生产能力。那些幸运地生而拥有土地的人能够利用这些技术创新带来的机会，让自己摆脱此前持续了四千年的经济停滞的状况。这样，一次农业革新就为主要包括农民和经济自由的贵族的简单社会注入了一个新的阶层——我们这里称之为向上流动的阶层。从 18 世纪到 19 世纪，这个新的阶层将给英国带来巨大的变化，这种变化始于农业的革新，随后发展到包括从电灯泡到蒸汽发动机的一系列现代机器设备的发明。这些产品的发明和商业化始于英国，但是到了 19 世纪末已经扩散到整个欧洲和美洲国家。

贵族对这个新兴阶层，这个来势汹汹的经济竞争对手有怎样的反应呢？在英国，悠闲的贵族们和这些上升中的新兴阶层之间迅速出现了对立。当然，新兴阶层中的许多人并不是贵族，但是他们拥有足够的土地来利用新的农业技术和方法。这些变化导致了历史上所谓的不流血革命(Bloodless Revolution)，这场革命为众议院争得了权力。悠闲的贵族当然不想放弃权力，但是他们已经认识到他们真的没有其他选择。他们长期以来对财富的垄断即将结束。本书中，垄断这个主题将在讨论妨碍机会均等的组织类型的案例时反复出现。在英国，最富裕的地主对土地和财富的垄断妨碍了小地主改善自己的处境。

英国贵族压制机会的做法——至少通过垄断来控制这些机会的做法

——在那个时期或在那个岛国并不少见。在文艺复兴时期的佛罗伦萨，美第奇家族（the House of Medici）是一家臭名昭著的意大利银行家族和政治权力集团，这个家族曾经是欧洲最有钱的家族。美第奇家族对待威胁其权力的意大利其他家族和其他城邦包括米兰、鲁卡和罗马等都非常残忍。尽管美第奇家族是艺术的重要赞助者，赞助过布鲁内莱斯基（Brunelleschi），米开朗琪罗（Michelangelo）和达·芬奇（Leonardo da Vinci）。然而，他们赞助艺术的目的不是为他人制造机会，而是借此获得政治权力。实际上，美第奇家族的残酷无情激发了马基雅维利（Machiavelli）在1515年创作出《王子》（The Prince）一书。美第奇家族有句名言："金钱能够获得权力，权力能够保住金钱。"他们想要维护自己对权力的控制并且限制任何其他集团挑战其控制权的机会。

甚至到了今天，限制那些能够做同样事情的竞争对手的机会的冲动仍然存在，只是情况要好一点。

2.2 美国

相反，美国从来没有过像英国一样的悠闲贵族。即便是弗吉尼亚州的"第一家族"，他们离开英国的时候是保皇主义者，并且在美洲新大陆控制了大量的种植园，也倾向于最大限度地开发土地的经济潜力。美国从来就没有一个强大的国家机器，美国也不是在交战城邦制度上发展起来的。在这样的城邦制度中，一个城邦的经济优势会被认为是对另外一个城邦的威胁。17世纪和18世纪从英格兰大量涌入的清教徒和教友派信徒以及他们在美国创立的相对平均主义制度打破了英国长期存在的旧的阶级结构。此外，美国丰富的自然资源和由此产生的大量的经济机会带来了新的观念。从根本上讲，美国人创造了一个强调机会的制度，在这个制度里财富属于创新者，而不只是属于继承者。

在一定程度上，由于这些历史渊源，美国的经济体制具有相对的流动性，约瑟夫·熊彼特（Joseph Schumpeter）对此有非常好的描述。熊彼特出生于奥匈帝国（现在的捷克共和国），他曾经于1948年担任美国经济协会主席，熊彼特较少依赖经济学家惯于使用的数学，而更多运用定性观察来研究商业、政府和政治之间的关系。他最重要的观点是提出了“创造性破坏”（creative construction）这一概念。他写道：“国内国外新市场的开辟，从手工作坊和工场到像美国钢铁公司这种企业的组织发展，说明了产业突变的同样过程——如果我可以使用这个生物学术语的话——它不断地从内部使这个经济结构革命化，不断地破坏旧结构，不断地创造新结构。这个创造性破坏的过程，就是市场经济的本质。他发现，市场经济要有效运作，就需要变化，从而带来经济体中许多部分的此起彼伏。

然而，熊彼特却担心美国式自由市场经济的动力——即创造性破坏的成分——即将消失。他预言大公司将会制造障碍来阻止其他公司的进入，就像当年贵族对待农民那样，从而使得大公司出现合作主义状态。这种状态的刚性将会导致美国式自由市场经济的失败。幸运的是，熊彼特对于美国式自由市场经济的悲观预期并没有实现。

然而，熊彼特对于美国式自由市场经济的悲观预期是有很好的理由的。他的主要著作都写作于20世纪中期，正值垄断企业或者寡头垄断企业控制美国工业的时期，这些垄断企业或寡头垄断企业多数是建立于工业革命的成熟期，并且已经在之后数十年巩固了它们的政治权力。比如，当时的美国只有一家大型电信公司、三家汽车制造商和三家大型电视广播公司。很多的这些公司都是家喻户晓的，比如美国电话和电信公司、通用汽车、通用电气和标准石油。在1950年，受管制的垄断企业大约占据全美经济总量的15%。那些没有被直接管制的企业则依赖于各种协会和网络，其中，各行业中最大的公司会与华盛顿合作协调，寻求政府政策的支持以固定价格，并且为其他企业的进入设置障碍。这样的体制几乎不能被认为是有活力的。然而，各方面都愿意看到这个结果，因为它是稳定的、可以预测的，而且对于当时而言，能够推动经济的稳定增长。

熊彼特担心的是更加长期性的问题，因为这个体制在如此静态的环境中，创新的机会暂时消失了。新企业和新想法用于创新的经济机会也就此消亡。

2.3 根本矛盾

尽管美国有着早期殖民时期的平等主义根源，此后创造性破坏的力量和经济增长导致了财富在人口中的不均衡分布。这也许是美国式自由市场经济的根本矛盾：需要在鼓励财富的大量积累和维持经济机会之间保持平衡。正如前面我们已经讨论过的一样，美国式自由市场经济的力量依赖于经济机会，新兴公司能够给经济注入创新。然而，当这个机制有效运作时，一个新的挑战就会出现：巨大的财富不平等，这种不平等威胁到机会的另一个不同，但又是相关的一面。这不是开创新企业的机会，而是有意义地参与经济获得的能力。例如，如果一个经济体制是围绕制造过程组织起来的，那么这就涉及需要能够获取在生产线上工作的相关技能的能力。在一个围绕知识创造组织起来的经济体制中，这就涉及能够获取工程师、计算机科学家和其他专业技术人员所需的工具的能力。

美国在处理这种矛盾上的成功程度一直存在着公开的争论。从纯粹的统计学角度，我们知道美国的收入分配是非常不平等的。在这方面美国类似于一些欠发达国家。然而，财富分配的不平等是否会转化为和如何转化为机会的不平等尚不明显。我们知道政治学家和心理学家在研究人们对机会的认知时发现了机会平等的证据。绝大多数的美国人认为个人的经济地位不是由体制预先决定的——比如，制度对个人的打压——而是个人自己决定的结果。为什么美国人有这样的态度呢？也许部分原因与谁是当今社会最富有，也是最为突出的个人有关。例如，观察《福布斯》美国富豪排行榜，我们发现大多数的富豪是白手起家的、来自于中产阶级家庭、工作努力并且令人难以置信地幸运。

这种对财富的认知和对机会的信念构成了美国人的意识形态。隐含在这一切之中的都是关于如何处理财富和机会之间的矛盾关系的争辩。大卫·布努克（David Brooks）认为，在如何处理这种矛盾上，有四种流派的思潮。在最保守的一端——最近表现为茶党运动——是那些几乎不想要任何政府职能的人。最自由主义的流派是民粹主义者——今天最引人注目的就是“占领华尔街运动”——这个流派认为美国只对富人有利。另外一支比较温和的左派是那些希望更多政府干预的人，但是他们不认为制度是被人操纵了的。最后是汉密尔顿主义者，他们提倡自由的市场经济，但是认为政府必须扮演一定的角色来确保人们有能力以有意义的方式参与经济活动。

汉密尔顿的思想反映了美国式自由市场经济的主流思想：总体为自由市场体制，同时能够承诺支持经济平等和机会平等。但是这个承诺不是利他的，它之所以存在是因为经济的平等和机会的平等能够让这个制度更加强大。正如我们将在下文中所讨论的，政府——所谓美国式自由市场经济的一个角色——与私人举措一起，共同培育了一个积极创造机会的体制，所有这些都强化了一个有活力的、持久的市场经济体制。

2.4 早期的机会

当人们在思考美国政府和市场经济之间的相互作用的时候，他们通常认为政府项目和政策是反对市场经济的力量——保护个人免受市场经济的伤害，而不是让他们准备好去利用市场经济。我们立刻就会想到进步运动、新政和伟大社会等社会运动，这些社会运动被设计用来修正市场经济的缺陷或者用来庇护那些不能够恰当地从市场经济获利的社会阶层。医疗保险制度、公共医疗补助制度、社会保障制度以及其他的社会福利措施被设计用于为那些需要的人提供各种保险，让美国人能够分摊风险。这些项目提供了安全保障网，从而使个人的机会不至于因为疾病、伤害、短期失业和老龄等不可控力而受到影响。

然而，社会福利政策不会向前推动资本主义制度；它们不会通过促进财富积累和刺激创新与创业来为个人制造经济机会。这些是为穷人和老年美国人提供的社会安全网络，至于这个保障的力度应该更大一点还是更小一点，是一个在其他地方已经被深入讨论过的话题。在这里我主要关注的是教育。

在美国，机会的创造主要体现在教育上。长期以来，无论在精神上还是在实践中，教育都关系到美国式自由市场经济的活力。我们来看看革命战争前建立的殖民地大学。在很多方面，美国式自由市场经济的特征已经体现在这些早期的学校里。在这些学校，商人们的儿子在公理会和长老会教义的影响下习得清教徒的价值观。然而，这些学校并不是主要为了培养教士的，尽管如哈佛大学那样的大学中，大约有一半的毕业生会听从这种召唤。这些大学致力于给年轻的未来的商人灌输道德学说。

那些殖民地大学虽然是以剑桥和牛津为蓝本建立起来的，但从建起的那一天起便跟它们截然不同。建立于 14 世纪的牛津大学是一所教会学校，主要从事古典教育。先不说其他的，保皇党和英国圣公会在牛津和剑桥的影响与清教徒宣扬的自我约束和勤奋工作的价值观是背道而驰的。殖民地大学如哈佛大学、耶鲁大学和普林斯顿大学等学校的学生大多数都来自于殖民地的中产阶级，他们的父母寻求的是一种能够给子女提供一些宗教学习和职业生涯的准备的教育。

有两所学校在推进殖民地大学往这个方向前进上起到了特别的作用。国王学院，也就是后来的哥伦比亚大学，在 1754 年宣布它的课程将侧重于测量、航海、地理和历史——这比此前的殖民地学校更加激进地偏离了在牛津大学盛行的贵族和圣公会（Anglicanism）联姻的模式。本·富兰克林所在的费城学院，也就是后来的宾夕法尼亚大学，在这个方向上迈出了更大的步伐。1756 年，该大学的校长提出了“经济富裕”需要“培养大量清醒的、有道德的和勤奋的公民”。为了实现这个愿景，校长设计了一门强调实践研究和科学学习的课程表，这个课程得到了富兰克林以及大学理事们的认可。

在美国历史的发展过程中，殖民地大学会随着美国式自由市场经济发展演进的要求而不断地适应和调整，尤其随着大学越来越依赖于新财富的捐赠资助。但是即便是在革命战争之前，这些学校就已经开始重塑机会和教育之间的关系。正如历史学家弗雷德里克·鲁道夫（Frederick Rudolph）在他的《美国大学史》一书中讲道：“1754 年的国王大学和 1756 年的费城大学的课程设计可能不是北美殖民地打响的第一枪，但是它们仍然是某种象征，意味着北美的英国殖民地开始回应美国人的需要而不是英国人的需要。”

随着美国革命（American Revolution）被载入史册，美国社会面临着工业革命带来的新的压力，新的资金来源和新思想持续影响与塑造着教育体制。19 世纪的教育改革者、工业企业家和技术专家渴望能够将新的工业进程和农业进程的需要与重塑教育体制结合起来。然而，正如鲁道夫（Rudolph）所说：“平凡的农夫和平凡的机械师既没有感觉到他们周围世界的变化，也没有感觉到自己进行任何工作以外的培训的需要。”这可能是教育领域的另外一个“布尔乔亚式”革命，由那些致力于播下新种子并且用心浇灌以期获得更高产出的人们延续着。

在 19 世纪后期，农业革命以不同的方式从美国的一个州推进到另一个州。其中各州的一个共同的努力方向是建立赠地大学制度，该制度有力地推动了“实用技术”的发展，比如农业、机械和采掘。这些大学之所以被称为赠地大学，是源于 1862 年的《莫里尔联邦赠地法案》（Morrill Federal Land－Grant Act of 1862），该法案由国会议员贾斯汀·斯密斯·

莫里尔提出，旨在支持农业教育的发展。莫里尔认为美国的大学应该“去掉一部分形成于几个世纪前的、无用的欧洲式学术研究，用不是那么古老且更具有实践价值的东西来填补这个空白——如果这是一个空白的话”。根据1862年的法案，联邦政府为每一个州都提供财政激励机制，帮助它们建立一个致力于现代农业研究和教育的高等学府。

这个激励机制引起了公共部门和私人部门之间的交叉努力。一些州选择了私立大学，比如纽约州的康奈尔大学和新罕布什尔州的达特茅斯学院。其他的一些州则选择了公立大学，比如位于麦迪逊的威斯康星大学。还有一些州新建了学校，比如得克萨斯州的农工大学（Texas A&M），它的校名仍然保留了“农业和机械”的缩写（A&M），后来很多大学都放弃了这个缩写。

为了更好地帮助大学实现这个转化，美国国会在1887年通过了《哈奇法案》(the Hatch Act of 1887)，该法案专门为试验性的农业研究提供联邦经费资助。政府的慷慨解囊带来了农业上的许多创新。到19世纪末期，新的研究领域包括植物病理学、农业植物学、农业化学、农学、兽医学和园艺学都已经建立起来。在这个体系中也有很多创新性行为，赠地大学最终不仅仅局限于研究农业，而且也大量从事制造工程、工业和军事领域的其他研究。尽管现在看来这些做法是理所当然的，但是在那个时代却意味着对大学定位的重新诠释。今天，每个州都已经至少有一所赠地大学，有17个州还拥有2所这样的大学。到了20世纪中叶，20%的美国大学生是在赠地大学注册入学的。

威斯康星州的公立大学制度是一个很好的例子。与20世纪初其他新兴的美国大学一样，威斯康星大学也正在尝试能够更好地造福于社会的新方法和新工具。在1903年到1918年间担任该校校长的查尔斯·范海斯(Charles Van Hise)的领导下，这所大学致力于创新和扩大服务于本州全体人民的既定目标。范海斯先后于1879年和1892年分别获得威斯康星大学麦迪逊分校的机械工程本科学位以及地质学博士学位，在担任校长以前，他在该校任教。范海斯支持本科教育所承担的传统角色：为工作、公民生活做准备和扩充知识，但是增加了第三个任务，就是通过解决问题、提升健康、保护环境、发展农业和提高全州居民的整体生活质量而服务于全州的人们。

在范海斯的愿景的推动之下，这所大学提供了许多实用和备受欢迎的继续教育项目，设立了领先的博士项目，并且通过学校位于州府的区位优势来加强与政府间的联系。范海斯像企业家一样地思考问题，并且使用商业术语来解释他的目标和方法，将这所大学的继续教育项目比喻为零售商直接将产品送到消费者手中。范海斯认为一所大学必须“将知识传递给人们，并且帮助人们将这些知识运用到解决经济、社会和政治问题中去”。威斯康星大学的理念是建立在如下基础上：所有的领域都值得去探索。因为范海斯相信，“我们无法预测哪些知识有用，某些知识尽管看上去离实践相去甚远，却可能从中涌出大量有用的思想”。

今天的麦迪逊分校仍然有着“大量有用的思想”涌现出来，这所大学有 183 000 名学生，分布在 13 个四年制的校园（13 个只包括本科低年级的校园和继续教育的项目）。回到第一章我们曾讲述过的“捐赠承诺”的故事，这里值得一提的是，由思科集团前主席约翰·莫吉瑞德和他的妻子泰莎所写的承诺信强调了美国式自由市场经济和教育的关系。莫吉瑞德夫妇写道，当 1955 年他们离开美国中西部的时候，他们可以将他们所有的财产放入一辆 1950 年产的福特汽车中。他们继续写道：“（我们）离开中西部时还带走了更多的东西，包括从我们的父母，社区、沃沃特萨的公立学校以及威斯康星大学里学习到的价值观，自信和各种能力。”莫吉瑞德夫妇现在是公益捐赠者，但是显然他们的成长背景和中产阶级的价值观对他们的捐赠行为产生了极大的影响。他们继续写道：“通过勤奋工作、好的运气和由我们伟大的国家和世界提供的机会，我们获得的财富超过了我们自己的想象。因此，我们能够在捐赠的支票金额上增加许多的 0。”

2.5 制度的瘫痪

谈论机会的时候，不可能不涉及学校和教育改革者的角色。在 17 世纪或更早的时期，学校是由地方出资建立起来的，一般是由村镇出资。这种情况非常普遍，特别是在美国北部。据估计，到 1800 年，美国已经拥有世界上最多的识字人口。这是一个很了不起的成就，因为这不是源于联邦或者州一级政府的要求，而是源于地方的，主要是民众自发推动的举措。这种学校体制在英国殖民地管理当局的统治下当然不会出现，因为那个时期英国殖民地管理当局很少致力于对新大陆的教育投资，即使在那些创新产生了巨大财富的殖民地，如加勒比国家，这种教育投资都非常少见。反而，建立本地学校的想法可能部分产生于清教徒和教友会教徒居住地的文化习俗。

19 世纪早期，“公立学校运动”在全美取得很大的成果。通过更加集中的“公立学校运动”，美国各州政府积极鼓励地方自己组建对每个公民开放的免费学校，并且用一般税收来支持学校的开支。那个时期，大约 90％的成年白人都已能识字。然而在这种体制下，学校的发展非常不平衡，在最糟糕的情况下，教育经费的配置与城市政治搅在一起，政治机器的支持者更容易获得经费支持。20 世纪早期的教育改革者打破了这种对教育的狭隘的控制，他们建立起了一个国家体系——一个现代的官僚协调体制，它能够更好地独立于政治并且将资源更加有效地输送到需要的地区。K－12 教育的职业化是对美国机会创造的绝妙的福音，而且至今它还在持续服务许多的基本目标。今天，超过 90％的 K－12 教育经费来自于州政府，资助横跨全美的 15 000 个学区，帮助各个学校建立统一的课程内容和质量标准。

尽管公立学校体系覆盖的范围广泛，结构复杂——或者正因为这一点——教育已经变得官僚化，不愿意实施能够进一步改进教育成果的创新性改革试验。政府的初衷——如同赠地大学这样的措施——一开始是想提供有效的和创造性的解决问题的办法。但是从长远来看，政府官僚举措的规模效应被制度瘫痪所掩盖了。近二十年来，从大量国际测试的结果中我们可以看到，美国正在失去教育方面的优势。正如比尔·盖茨所说："当我将我们的高中与我在国外旅行中所看到的其他学校进行比较的时候，我实在为我们未来的劳动力队伍感到担忧。"

当然，部分原因和钱有关：学校经费不足，教师收入低下。然而，正如政治学家特瑞·莫尔（Terry Moe）和约翰·丘伯（John Chubb）所说，美国学校系统存在的问题主要是结构性的问题：当年由地方控制时的有利方面——如家长可以施加影响——早已不存在，该体系变得非常官僚化而难以改变。莫尔和丘伯认为主要原因在于：尽管20世纪早期的进步主义教育改革（progressive reform）消除了党派政治对教育的破坏性影响，但今天的教育又沦为官僚体制控制下——这里是指教师和教师工会——的牺牲品，教师们抵制创新。尽管在像范·海斯一样有远见的教育家的领导下是能够实现创新的，但一般来说，政府却并不善于真正地推动创造性破坏。

学校系统的主要客户应该是家长和学生，但是我们有理由相信最有影响力的客户其实是那些依赖于现存制度领取薪水的人们：像我一样的教师。从某种意义上来说，我就是一个官僚；我受雇于弗吉尼亚州，教授学生并从事研究。尽管我们相信大多数教师都非常关心学生，但不可否认教师也非常关心他们自己的利益，关心工作的稳定性、更高的收入和其他工作福利等。教师（或者我称他们为官僚）在教育政策上可能比其他选民有更大的影响力，但是出于我们都能够理解的原因，他们也是最不希望变革的人。

正如赠地大学制度和范·海斯在威斯康星大学的作为所显示的，政府是能够创新的。问题是，从长远来看，由于缺乏改革的激励机制，公共组织的适应性和创新动力会逐渐消失。在很大程度上，这种已侵入公共教育制度中的组织的瘫痪和熊彼特所担心的可能在美国经济中出现的问题具有同样的性质：没有能力采用新办法来解决问题，同时或许是最重要的，没有能力利用这些创新来替代无效的东西。

2.6 创新机会

无论是否有政府的支持，美国的实业家和教育改革者都长期致力于推动教育制度的发展。美国式自由市场经济已经找到了通过提高个人参与社会经济活动的技能和通过为未来创新播种等方式来延续机会的路径。首先让我们来看美国的大学制度。政府在创新公共教育体制（比如赠地大学）中承担的角色与私人公益捐助事业在创新私立教育体制中承担的角色并驾齐驱。今天，美国大多数顶尖的研究型大学是私立大学。根据《美国新闻和世界报道》的排名，美国前 25 所大学中有 23 所大学是私立大学。这些私立大学许多是由富有的实业家创建的，如利兰·斯坦福（Leland Stanford）、约翰·霍普金斯（John Hopkins）、安德鲁·卡耐基（Andrew Carnegie）和伊斯拉·康奈尔（Ezra Cornell）。他们的成功都有赖于美国的市场经济机制。这些人通过设立大学来为学生创造机会，并且经常推进对高等教育的新的定义来满足新兴产业的要求。

这种私人教育制度是由一种反馈机制部分地推动着。市场经济已经创造了巨大的财富，这些财富大部分是由那些具有中产阶级价值观，致力于维持一个有活力的社会的人们不断创造的。这些白手起家的个人是企业家，他们在自己的行业内重塑产业的能力在市场经济其他领域的创新上也得到了体现，比如教育的提供。尽管这些出资创建大学的公益捐助者们并未亲自建立一所大学，但他们却可以聘请专家来做。在下文中我们将会看到约翰·霍普金斯和约翰·洛克菲勒是怎么做的。

除了教育劳动力队伍这个目标以外，早期的实业家认识到，学术研究——从理论上讲，有时候从实际上看——能够促进经济的创新。这一点在像硅谷这些地区的企业和生物技术及其他领域的医药研究中得到了证实。今天，以学术影响力为评判标准，许多美国最好的人学都是私立的。让我们以上海交通大学所做的世界大学学术排行榜为例，这个排行榜完全以可测量的指标如学术期刊出版物被引用的次数、被《科学》或《自然》等世界领先杂志引用的次数、诺贝尔奖获奖者或者菲尔兹奖获奖者的数量等，并以此来评价各所大学的学术成果。首先，世界排名前100位的大学中，有54所在美国。其次，这54所大学中，在2010年，大约有一半以上是私立大学。就像赠地大学一样，这些私立的研究重地与市场经济机制密切相连，因为它们不仅提供了有技能的劳动力队伍，而且还不断地为新企业提供一个创新的温床。

然而，基于创新的能力而将公立大学和私立大学严格地区分开是有些不公平的。许多私立机构严重依赖于外来资助，而外来资助的来源既包括私人也包括政府。例如，在20世纪中期，美国联邦政府对科学研究的支持经费已经让私人资助相形见绌。在1949年，随着联邦政府研究拨款的迅速增加，一个基金会员工抱怨道："我们为癌症研究提供了300万美元的支持，随后我们就听说政府打算为同样的研究提供大约3 000万美元的资助，这让我们觉得很沮丧。"到了20世纪50年代后期，哈佛大学四分之一的经费来自联邦政府，在哈佛大学医学院，57％的经费来自美国联邦政府的投入。

公立大学和私立大学都是由联邦政府提供经费，包括国家科学基金的积极接受者。当美国联邦政府大力资助某项研究的时候，私人的公益捐赠总会相形见绌。尽管如此，这并不能降低私人捐赠的重要性或者相关性，因为他们已经具有开创性和修正性，尤其是私立大学的参与为联邦政府资助的分配注入了竞争。

2.7 补偿机会

高等教育并不是私人资金唯一的流向。其他早期的资本家已经注意到在 K－12 教育中由公共部门提供经费的弊端，并且通过提供私人经费来弥补这些不足。最早的一个私人资助的例子是斯蒂芬·吉拉德（Stephen Girard），他创办的吉拉德学院至今仍在费城运行，这是一所专门为来自弱势背景家庭的儿童提供免费寄宿制教育的 K－12 学校。吉拉德本人在 1750 年出生的时候父亲就去世了，他在 13 岁就当上了水手，通过购买和经营一支货运船队他很快获得了大量财富。罗伯特·格里姆（Robert T. Grimm Jr.）很好地总结了吉拉德的一生："在他的一生中，特别是在他死后，人们都在批评他苛刻的理性、他的无神论以及他对物质的狂热追求。然而正是这个人，美国历史上最富有的人之一，却奉献了大部分的时间和几乎所有的金钱来减轻人类的痛苦和激发人的潜能。"

在他的一生中，吉拉德支持过许多慈善机构，比如，困难水手及寡妇救助协会、费城公立学校基金会、宾夕法尼亚聋哑人学校以及孤儿协会。在他的遗嘱中，他为吉拉德大学确立了愿景。吉拉德规定，应该择优选拔教师，不得在学校里给学生教授宗教课程，而应该教授数学、应用哲学、地理、语法、阅读和写作。吉拉德的想法遭到了家人的反对，但是在一次具有重大意义的判例中得到了美国最高法院的支持。

如果吉拉德活到今天，我们是否会称他为社会企业家呢？他发现了社会在向人们提供机会时存在的弊端，并且设计了解决方案。他的创新依然在发挥作用，仍然在持续帮助那些费城的弱势学生。吉拉德也是一位彻头彻尾的资本家，完全知道如果没有机会会怎么样，他清楚地记得自己年轻时候为了获取财富所经历的各种困难。今天的社会创业和吉拉德当年所作的有很多相同之处，然而，许多当今的社会创业者自己却并不是实业家，但是他们所依赖的钱却来自于实业家和其他商业巨头。从吉拉德时代开始，这些慈善家和改革家的社会网络就形成了资本家和社会实业家的劳动分工，尽管他们的根本目标是相同的。

今天，如果你看看美国那许多的穷人社区，你就会发现那里根本没有孩子们玩乐的地方。这是非常不幸的。20 世纪 50 年代，当我在俄亥俄州克利夫兰一个穷人社区长大的时候，我们有一个玩耍的地方，里面有秋千、旋转木马轮、猴架和篮球架。当时还是孩子的我们，会在放学以后和暑假在那里尽情玩耍。然而根据疾病控制和防治中心的统计，现在美国有一半的孩子居住在“玩耍荒漠”，也就是没有玩耍的地方、没有公园或没有社区中心的地方。尽管大量的证据告诉我们玩耍对于孩子的身体、情绪和认知的发展至关重要，但是近几十年来，孩子们的户外活动机会明显减少。在许多的穷人社区（有些还不是那么穷），因为有限的预算和纳税人支持度的降低，导致这方面的投资悄然减少。

社会创业家已经做出了回应。在过去十五年，非营利组织 KaBOOM 一直在着力解决这个问题：它们在美国各地修建供孩子们玩耍的场所，特别是在 70%的孩子符合联邦政府提供的免费午餐和低价午餐项目的贫穷社区。为了给这个项目融资——平均每个游乐场需要花费大约 7.5 万美元——KaBOOM 已经跟多家大的基金会和大公司合作，包括家得宝公司(Home Depot)，这和该公司的口号非常吻合：你一定能做到，我们能够帮助你做到。家得宝公司不仅捐助现金和实物，还鼓励它的生意伙伴担任“游乐场建设”的志愿者。KaBOOM 模式已经成为修复弱势社区的社会结构的催化剂。这个组织不会直接雇用承包商进行修建，尽管这样可能会更快和更容易，而是指导这些社区的民众组织起来，改善自己的公共空间。“乐善社区”——合众为一，大家为了共同的利益一起出力——这个概念是美国历史上的一个核心理念。

在商品和服务的私人市场上，没有发挥预期作用的东西就会被报废。但是对政府而言却不是这样，政府维持其项目——无论是否有效——的动力确实太大了。然而，当这个国家在寻找一个更为有效的政策来应对经济下滑，平衡战胜贫困和避免依赖于社会安全网之间关系，以及平衡满足短期需要和长期发展投资之间的关系的时候，私人资助值得引起广泛关注。

2010 年 9 月，脸谱公司（Facebook）的创始人马克·扎克伯格为纽瓦克公立学校提供了 1 亿美元的捐赠。乍一看，这个捐赠让人觉得奇怪，因为纽瓦克远离马克·扎克伯格生活过的任何地方：他出生于纽约城外一个富裕的郊区威切斯特县，在马萨诸塞州的剑桥大学就读，现居住在加利福尼亚州。如果他把这笔钱捐赠给哈佛大学，人们不会感觉有丝毫的奇怪。那为什么要选择纽瓦克呢？作为一个商人，扎克伯格当然希望他的钱能够掷地有声。他被科瑞·卜克尔（Cory Booker）迷住了，科瑞·卜克尔是当时纽瓦克 41 岁的明星市长。他们在欧普拉（Oprah）的节目中会面后，扎克伯格说："把钱捐给纽瓦克是因为我相信他们!"

的确，纽瓦克的变化确实让扎克伯格有相信他们的原因。在卜克尔担任新泽西州这个饱受困扰的城市市长的第三年，他就创造了自 20 世纪 50 年代以来该市历史上最低的犯罪率，实现了廉价房数量的翻番，并且为市政府的雇员增加了工资——所有这一切都是在减少了该市的财政赤字的情况下做到的。他会亲自在街上巡逻到凌晨 4 点钟，住在停靠在臭名昭著的贩毒吸毒区旁边的一辆汽车房子里。当他拒绝了奥巴马总统提名他为白宫新的城市事务政策办公室主任的时候，他对纽瓦克的投入引起了进一步关注。在与扎克伯格的谈话中，卜克尔告诉他自己的下一个任务：改善纽瓦克失败的公立学校教育，这些学校尽管已由州政府直接管理长达十五年之久，但持续创下了该州最低的考试成绩和毕业率。

扎克伯格的钱的一种可能去向就是特许学校。特许学校运动不是私立教育，而是公立学校系统的分支，但是它也获得了私人基金的资助并且被那些不喜欢传统公立学校的改革者所推动。特许学校运动允许学校之间开展竞争，这在理论上能够提升学校的绩效。这种竞争有利于激励教学方法的创新并且提高考试成绩。从某种程度上讲，它是 K－12 教育中的创造性破坏过程，因为父母会让孩子们离开表现不佳的学校。研究表明（一些研究来自于随机调查——科学研究的标准方法），这种竞争正在美国最贫穷和教育服务最差的地区激发出有效的创新。

扎克伯克的故事最值得关注的地方不是他资助的金额——2005 年公益捐赠者为 K－12 教育提供的资助共计 15 亿美元，大多数的资助提供给了特许学校——而是他跟其他捐助人一样，认真地分配资金来孵化教育改革的创新方法。约翰·洛克菲勒在一百年前在其自传中就已经明白地说出了这些基本思想，或许有些话比较极端："帮助一所效率低下、选址错误、不必要的学校就是浪费……很有可能如果我们将挥霍在不明智的教育项目上的钱恰当地加以使用，我们足以建立起一个能够满足我们需要的全国性的高等教育体系。"

教育孩子和制造机会不是慈善。实际上，正如泰勒·科文（Tyler Cowen）在他的著作《大停滞》中所说，过去上百年经济增长的相当一部分可以归功于教育"聪明、没有受过教育的孩子"。教育给劳动者的心智和生产力带来的转变非常重要。然而，我们在这方面还做得不够，还需要将机会以更具创新和有效的方式提供给更多的人，以满足工作场所和社会经济不断变化的需求。正如劳伦斯·萨默斯（Lawrence Summers）所指出的，为了为所有人创造机会和战胜不平等，"领先的大学必须对经济多元化做出与它们对种族多元化所做出的承诺相同的承诺"。

2.8 结论

现在我回到本章的开始。美国式自由市场经济的根本性矛盾是财富创造和机会制造之间的矛盾。我还没有深入讨论财富创造——美国人如何致富——我们将在下一章讨论这一话题，但是我已经分析了美国制度如何通过公共渠道和私人渠道孵化机会。的确，被熊彼特描述为美国式自由市场经济最好特点的创造性破坏在创造和孵化机会的体制中也同样存在着挑战。

由私人提供机会这一做法——通过私立大学、特许学校等（特许学校虽然是公立学校体系的衍生物，却离不开公益捐赠）——在美国获得成功的一个原因是需求。如果全美供儿童玩耍的场所都设施齐备，像 KaBOOM，那这样的项目就不可能在社区受到如此的欢迎。如果传统的公立学校能够提供令人满意的教育，父母们就不会想把孩子送到特许学校去。然而，由于近年来一系列令人担忧的情况，私人举措在美国仍然具有很大的需求。在过去的几十年里，许多公立学校的质量在下降，为工人提供的健康保险越来越少，最低工资多年没有得到提高，上百万的工作机会已经消失，监狱人满为患。一方面这些我们不愿意看到的情况越来越多，另一方面占总人口 1%的富人拥有的财富在显著增加。在世界上许多其他国家，这些趋势可能激发更加剧烈的反弹。确实，今天像拉丁美洲的一些国家那样的极左政府之所以会受到欢迎，往往就是源于社会的不平等。相反，美国选民对税收和政府权力扩张的抵制态度为通过私人方式解决上述社会问题打开了大门。

占领华尔街运动是否代表了美国社会在向左转？也许是，但并不是以一种极端的方式。在美国，极左翼的政府从来没有受到过欢迎，即便是在收入存在巨大不平等的历史时期，如 20 世纪早期。尤金 · 德布斯（Eugene Debs），曾经四次参加总统竞选。第一次是在 1904 年，他得到了大约 3%的选票，最后一次是在 1920 年，他在第一次世界大战期间因为犯煽动罪被判入狱，当时出狱之后他就参加了竞选，只获得 3%多一点的支持。在美国，极左翼政府从来没有得到过大众支持。美国式自由市场经济继续被选民们认为有足够的活力来提供广泛的机会，尽管社会存在极大的财富不平等。

在本章中，我描述了美国创造机会的制度，即对提供机会的方式进行一系列的创新和再造。有时，政府在这些努力中扮演了先导，如查尔斯 ·

范·海斯通过创新性的方法再造威斯康星大学的目标。其他的努力则既来自于公共部门也来自于个人，比如在许多教学质量差的学区，挑战传统方式提供的 K－12 教育的特许学校的出现。所有这些为美国提供机会的努力都受到了制度瘫痪的影响。然而，最好的例子来自于持续的、变化的压力带来的改革和新方法。

我也定义了机会是如何通过两种基本的方式嵌入美国式自由市场经济的。第一种方式是赋予个人参与市场经济活动的技能——如同汉密尔顿主义者所主张的那样。第二种方式与创新和市场的功能以及新产业、新公司和新工作挑战现状的能力更相关，即创造性破坏。后一个方面历来是美国式自由市场经济活力的根本，下一章将讨论这个方面如何才能繁荣发展。

第3章　企业家精神与创新

需要抓住的根本点是：当我们研究资本主义的时候研究的是一个演进的过程。

——约瑟夫·熊彼特

3.1　为什么发生在美国？

在20世纪90年代的繁荣时期，当我周游世界，并在各地进行创新和企业家精神的演讲（我们故事的第二个潮流）的时候，大家都在思考一个问题：为什么信息技术革命有时候会被相关的互联网泡沫所掩盖，而且会发生在美国？这个国家有什么独特之处，能够使信息革命在这里发生？我的邀请者常常给我一个简短的回答："牛仔资本主义。"但当我问道，"到底什么是'牛仔资本主义'时"（这是一个跟罗纳德·里根（Ronald Reagan）有关的术语），我的听众几乎都不说话了。他们能够解释斯堪的纳维亚的平等主义：每个人都是平等的。他们理解由卓越的计划者领导的高度官僚化的日本模式，并且知道德国模式是由企业、劳工和政府紧密交织而成的社会市场结构，但是他们难以找到合适的定义来描述美国式自由市场经济。

正如我已经提到的，美国模式必定与机会有关，而这些机会建立在教育和知识以及创造性破坏所带来的开放性之上。但是这究竟是什么意思，它们在美国历史的演进过程中又是如何呈现的？我已经提到过，在人类历史的大部分时期，机会是固定的，创业者没有机会可供利用；然而，美国自由市场经济的轨迹却很少是固定的——尤其是刚开始的时候。这就引出了我们的第二个来势汹汹的潮流，企业家精神。

从某种程度上讲，我们是如何进入一个“牛仔资本主义”时代的故事，是从牛仔开始的（或者说至少开始于一个与牛仔时代相近的时期）。故事进入20世纪，我们现在探讨完成西部拓荒之后，美国经济是如何演进的。最主要的变化是朝着大型工业化过程的迈进以及对公司“大即是美”的看法的形成。对于这个一直延续到20世纪70年代的时期，我称之为管理型经济。最后，故事终结于最近30年来的发展，并且思考我们是否真的进入了一个“牛仔资本主义”的新时期——从占据了20世纪大多数时候的管理型经济向全新的创业型经济的转变。

在整个这段历史中，为了辨别创造性破坏是从什么时候，在哪里开始显现的，我会一直聆听本书的英雄熊彼特的教诲。正如在前面我已经提到的，美国的试验诞生于酣畅淋漓地接受创造性破坏的过程，拒绝其他的选择：包括封建主义以及那些和美国差别没有那么大，但不愿意接受经济变迁和创新的体制和社会。

企业家这个术语通常被用来定义开始创建他或者她自己生意的人，尤其是小生意。然而，当我使用企业家这个词的时候，我是特指那些开发新产品或者新的商业模式的企业家。经济增长是由创新型的企业家而不是模仿型的企业家所推动的；增长的经济不一定需要更多的干洗店，但是需要更多能够产生新点子并且能够带来新财富的企业。

3.2 自然边疆

为什么美国经济能够如此繁荣？熊彼特认为，企业家的职能是利用发明来改革或彻底改变生产模式，或者更普遍的，是利用一种未经尝试的技术来制造新产品或者用新的方法生产已有的产品。当然，企业家需要拥有竞争力，而要竞争就要拥有新点子，尤其是在现在当企业家们不得不和科学家和工程师一起工作的时候。在早期的美国，获得机会比现在要容易得多，而且也非常普遍。

前往美国的许多工人都具有企业家精神，并且参加了长达几个世纪的几乎都是在无管制状态下的经济机会争夺战。在这个国家的早期，大量的鱼类资源、野生动物、毛皮、原木和肥沃土壤给拓荒者带来的机会是显而易见的。这些资源可以任人取舍（尽管土著居民并不这么认为）。早期的定居者通过与高度繁荣的加勒比殖民地如巴巴多斯（Barbados）和古巴的贸易获取了大量财富，加勒比殖民地只生产白糖，所以希望通过贸易，进口食物和其他基本生活用品。北部殖民地盛产鳕鱼、原木、肥皂和相对小型的农场能够聚集的物产，而南部殖民地则盛产烟草、原木和稻米。此外，还有一些不法之徒通过其他手段迅速积累财富。到了18世纪70年代，殖民地的许多最富裕的家庭中30%～40%的财富来自于战争、走私或海盗。

后来的移民开始向西推进，去更远的内陆地区寻找新的机会，投资于富饶的大草原、矿产资源，以及带他们来到那里的铁路。除了利用自然资源，早期的美国人也兴建服装厂、锯木厂、酒厂以及其他家庭手工业来生产简单的商品和提供简单的服务。这些发展引入了产品和服务的新的生产方式和分销方式。许多美国人通过皮毛生意、无数的淘金热、淘银热、矿石开采热，以及其他的投机生意发了财。有时候这些定居者是创新型的而且挣到了很多钱，但是他们中的绝大多数是模仿型的，而且也能够做得很好。

为如此多的早期美国人提供大量经济机会的另一个因素是土地分配。例如，在殖民地时期，新英格兰地区和费城附近的区域主要受清教徒和教友会教徒的影响，他们致力于解除那些导致自然资源分配严重不均的英格兰阶级制度。虽然在土地分配上也存在差异，在一些小镇，比如康涅狄格州的纽黑文，土地在定居者之间的分配也非常不平等，但是总的来看，土地分配制度完全不同于英格兰。这是一个我们在下一章还要讨论的主题。然而，在南方的殖民地和阿巴拉契亚山区的部分地方，土地分配则更加英国化。弗吉尼亚州的“骑士”（cavaliers）控制了大量的庄园，这些庄园由佃农、契约佣工，后来是黑奴耕种。南部殖民地最为盛产的烟草和稻谷的大规模的生产所带来的利益显而易见，这使得大型种植园成为该地区的主导。

然而，随着西部边疆的扩张，边疆地区具有了一种均化效应。拓荒者，无论是早期的猎人、贸易商人还是后来的农场主，主要是为了寻找经济机会而西行。在许多情况下，这些开拓者们既不是非常贫穷也不是非常富裕；穷人缺乏旅行所需的资源，而富人没有必要将自己的财富押在具有一定风险的西进移民上。所以，大多数的边疆社区都拥有同样的中产阶级价值观和对勤奋工作的推崇。正如雷·阿伦·毕立顿（Ray Allen Billington）和马丁·瑞奇（Martin Ridge）在他们关于西进扩张的论文中所说：“边疆等同于对勤奋工作的信仰……懒汉、游手好闲者和流浪汉很少得到同情。长时间的午睡、欧陆式午餐以及英式下午茶被认为是勤奋的劳动者不应该有的生活习惯。”西行扩张也是一个缓慢渐进的过程，一个人用其一生的时间都很少能够走出一个州的范围。因此，来自新英格兰的移民定居在纽约，而来自纽约的移民定居在俄亥俄州，以此类推。

在早期的美国经济中，机会和企业家行为大多数都与丰富的自然资源密切相关，这让他们很少有创新的动力。然而，也有一些早期的例外存在。比如本杰明·富兰克林，他有时候会被人们怀旧地认为是第一个真正的美国人。作为一个成功的出版商，他从事的是“知识”产业的工作。富兰克林也因为他的多项发明而著名，他的发明包括双焦点镜片，但他从来就没有为此申请专利并且使之商业化。因此，他是通过作为一个出版商来获取财富的，这最能反映他对美国 18 世纪新兴知识经济的贡献。12 岁的时候，只有两年学校教育背景的富兰克林开始为他开办印刷厂的哥哥打工。当他哥哥创立美洲殖民地第一份独立报纸的时候，富兰克林化名为赛勒斯·杜古德夫人秘密地向该报纸投稿。当他的秘密身份被揭穿后，他的家人为此非常不高兴，富兰克林在没有获得许可的情况下逃到了费城，成为了另外一个印刷商的学徒。

1728 年，富兰克林成为了一家印刷厂的合伙人，一年以后成为《宾夕法尼亚公报》的出版商，在该报中他大量地刊登关注殖民地社会的评论。他运用喜剧的模式为他的报纸获得了竞争优势。1730 年，他被选为宾夕法尼亚殖民地政府的官方印刷商。富兰克林的报纸非常畅销，并且从 1730 年起，他开始在报纸上做广告。在 1732 年，富兰克林开始出版《穷人理查的年历》一书，第一年销售量就超过了一千册，以后每年销售量达到了一万多册；当时几乎是每十个人中就有一人拥有这本书。随后他又开始出版小说。在 1749 年，即他投身印刷业 20 年之后，富兰克林的收入已经是工人平均工资收入的 26 倍。富兰克林与工人平均收入之间的差异程度在今天看来没有什么了不起，但它却是企业家聚集大量财富的能力不断增加的开始。实际在很大程度上，殖民地时期的美国，尤其是北方殖民地财富不平等的产生，是因为一些美国人能够更好地利用知识和商业之间的关系。

在第 2 章我们谈论过的斯蒂芬·吉拉德，在 18 世纪后期通过贸易创新获取了财富。他对各种不同的商品特别了解，这使他能够比其他人更好地利用价格和质量的差异来谋利。他有走私的嗜好，而且是一个对付贸易壁垒的高手。他并不具备一个拓荒者标志性的形象。他是一个有些驼背的矮个子，右眼明显不正常，这让他小时候经常被别人讥笑，而且后来他失明了。吉拉德也是一个二十好几岁的时候才移民北美的法国人。他一开始在纽约，后来又去了富兰克林的家乡费城。在这些繁荣的港口城市，吉拉德成功地进行着包括白糖和香烟在内的商品贸易，并且建立了一个连接美国与欧亚主要港口城市的商业帝国。

吉拉德显然拥有巨额的财富，他在 1811 年的时候是美国国家银行的最大股东，他以投资商业企业的方式投资于其中。吉拉德购买了美国第一银行的执照，后来创办了吉拉德银行，这家银行在 1812 年的战争中是美国政府债务的主要来源。当战争爆发时，美国联邦政府急需资金，但又没有中央银行可以利用。财政部长阿尔伯特·加拉廷（Albert Gallatin）想找吉拉德的银行借钱。起初他并不接受吉拉德提出的给予吉拉德银行与国有银行同等地位的条件，但是他确实接受了通过说服宾夕法尼亚州法院给予吉拉德银行更为宽松的发展环境的条件。

无论吉拉德还是富兰克林都是善于创新的，他们将自己的生意——一个从事出版印刷，一个从事贸易和运输——扩大到在当时的殖民地少有的规模。他们也都成为了虔诚的公益家，帮助创办学校培养未来的企业和专业领袖。关于他们的公益行为，我们将在后面的章节中讨论。但是，这里我们需要知道的是，吉拉德和富兰克林代表的是一种财富创造的演进：财富不再是主要源自于土地和自然资源，而是更多地源自对现有贸易体系的改进。

3.3 创新的边疆

在美国，西进的浪潮最终会被发明——或者被创新的资本化浪潮所代替。吉拉德和富兰克林在美国工业革命刚开始的时候去世了，那时创新和财富之间的关系演变让吉拉德和富兰克林同时代的人完全无法想象。

美国之所以能够迅速采用并且扩散工业革命的技术，部分是因为当时的美国经济是一个基本上没有监管、政治上支持企业间竞争的流动性经济体。这同时也得益于英国和部分欧洲国家已经进行了数十年的工业化，为美国便捷地利用许多技术提供了条件。比如，以提供廉价照明的竞争为例。在 1784 年，瑞士发明家和启蒙哲学家弗朗索瓦·皮埃尔 ·阿米·阿尔甘发明了一种中心导向灯。这种灯逐渐变得流行，到 19 世纪中期已成为美国家庭的必需品。

然而，在阿尔甘灯被广泛使用的时候，煤气灯已经成为市场的主流产品。1807 年，用于街道照明的第一盏煤气灯安装在伦敦波迈（Pall Mall）大街上。世界上的第一家煤气灯公司建立于 1812 年。纽约煤气灯公司成立于 1923 年，随后开始在全城铺设煤气管道，为家庭和街道提供照明。它们取代了许多从 18 世纪中期就开始在纽约城使用的鲸油灯，如阿尔甘灯。然而，就在煤气灯淘汰了更早期的技术，并且在许多城市取得了垄断地位时，它自己也开始面临生存危机了。

1879 年，勤奋的美国发明家托马斯·爱迪生显示了电能够产生足够的光，从而提供了比煤气灯更好、更便宜的照明方式。经过几千次碳和竹纤维的实验，他成功地发明了一种能够一直发亮的电灯泡，并且在 1880 年申请了专利。当时的煤气公司意识到了这个威胁。在纽约，高度整合后的煤气公司最后利用其垄断经营所获得的利润收购了更小的电力供应商，从而使自己转变为一家煤气和电力公司。而爱迪生则继续在电力传输和电力分配方面进行了更多创新，并且在 J. P. 摩根等金融家的支持下创建了爱迪生电灯公司。爱迪生宣称："我们将要让电力价格变得非常便宜，这样只有富人才会使用蜡烛。"爱迪生的公司继续发展，演变为今天的通用电气公司，成为美国经济中的一个重要组成部分。

电灯的故事是美国在知识经济发展中的一个简单例子。19 世纪后期，科学、技术和组织的进步代表了一个涌现巨大机会的时代。工业革命早期，企业家利用新的组织构架建立了基于自然资源流动和生产的金融帝国。工业大亨们通过抓住人们对天然资源的新需求，迅速理解了技术进步给交通运输带来的机会，聚集了巨大的财富。

安德鲁·卡耐基（Andrew Carnegie）就是这个时期富人的典型。他出生在苏格兰小镇邓弗姆林，是一名纺织工的孩子。他的父亲不能够适应自己所在行业的技术变化——从手工织机到蒸汽织机，全家为生存而挣扎。对上学没有兴趣的安德鲁帮助母亲为家里的生意记账。他十三岁的时候全家移民到美国，在那里他一边在棉花厂工作，一边还在夜校学习会计。卡耐基后来创立了现代钢铁企业并且成为美国历史上的第五位最富有的人（根据某种算法）。

和富兰克林一样，卡耐基有一种阅读和学习的激情。他受到他叔叔和其他导师的激励，不断追求自己的梦想。他也曾匿名为报纸写过文章，并得到了发表。卡耐基做过电报投递员，而且很快就被提拔为电报员。当他在电报室工作的时候，他认识了宾夕法尼亚铁路局的主管托马斯·斯科特，并很快当上了他的书记员和电报员。1853 年，当卡耐基接受这份工作的时候，每个月的工资是 35 美元。

美国内战是第一次现代战争，战争中运用了大量的进步技术，包括铁制船舶。在内战期间，卡耐基被要求帮助建设军用铁路和电报线，并确保南北通讯通畅。他同时还负责保障铁路运输的通畅，以及修建铁桥。卡耐基建立了铸铁厂和钢铁厂来确保提供高质量的原料产品。他将会计引入了铸铁厂的管理，从而使其能够跟踪生产过程中每一步的成本，并了解到每个员工在做什么、谁在节约原材料、谁取得了最好的成绩。所有这些都能够帮助他识别成本，增加利润。

1875 年，卡耐基意识到铸铁将会很快让位给钢铁，因为钢铁更加坚固和更加有韧性。这导致了美国的“钢铁革命”，美国成为世界上第一个拥有生产钢铁的所有原材料的国家。到了 19 世纪后期，卡耐基钢铁公司和美国钢铁公司成为世界上最大的钢铁制造商。卡耐基最后以 4.8 亿美元的价格把他的公司卖给了 J.P. 摩根。

1901 年，当卡耐基退出钢铁行业的时候，西部边疆几乎已经全部开发了，能够免费获取的自然资源已经变得非常有限。正如历史学家福利德瑞克·杰克森·特纳（Frederick Jackson Turner）所说，随着基于自然资源的机会的减少，美国及其制度面临着能否承受这种变化的问题。实际上，边疆的发展只不过更多的是沿着像富兰克林和吉拉德这样的创新者开拓的方向推进，从有形的自然边疆向知识创新的无形边疆转变。实际上，20世纪初期，更多的发明引领着美国式自由市场经济走向新的方向，进入了一个更加密集利用资源和创造知识的阶段。诸如福特公司的流水线和大型制造工厂的创新导致越来越多分散经营的制造企业的倒闭。流离失所的工人、移民和农民大量涌入纽约和芝加哥的市区，在美国式自由市场经济的新中心寻找机会。

3.4 美国创新的新组织

农业和工业革命给经济带来的根本性变化也为创新提供了新的途径，尤其是从组织机构的角度来看。新的措施体现在三个不同的领域。在商业领域，新兴工业巨头如贝尔（Bell）、施乐（Xerox）以及其他企业建立了自己的研究实验室，并主要由这些对所在行业几乎处于全面垄断地位的公司提供资金支持。在教育领域，大规模的大学也开始进行科学和工程的研究。在政府方面，联邦政策将科学研究的重要性放在一个优先的地位来考虑，既是出于战争和国家安全的考虑，同时也是为了促进国家的繁荣。

今天，当人们提到美国的创新的时候，首先想到的是诸如谷歌（Google）和脸谱（Facebook）这样知名度很高的科技型创新企业。人们也可能会想到诸如斯坦福大学和哈佛大学这样的美国研究型大学，这些学校的科学家们从事着基因学和机器人等领域的开创性研究计划。但是，在19世纪中期，从组织的角度来看，美国不存在这样的机构。很明显当时技术研究的领域和现在完全不一样，但是当时的公司确实没有像谷歌（Google）和脸谱（Facebook）一样的内部研究部门。大学也只是主要开展针对本科生的教育。1880 年，哈佛大学只有 41 名研究生。然而到了 19 世纪末期，由于新的市场经济机制的作用，创新活动的现代组织结构已基本形成。

在第 2 章，我讨论过研究型大学在引发农业革命中所扮演的越来越重要的角色。许多与种子、肥料和机械有关的新技术是由州赠地大学开发出来的，在这些学校，私人基金和国家基金都被用于创新现代农业经济。总之，这些研究型大学在为学生提供农业和技术教育的同时，还从事可以直接应用于农场的新技术的研发，从而催生了农业植物学、农业化学、农学以及兽医学等学科。在当时像哈佛大学那样的“传统大学”对基础研究没有丝毫的兴趣，这种将大学重新定义为经济创新者的做法具有革命性的意义。然而，19 世纪和 20 世纪的世纪之交是一个变革的时期，跟农业没有任何关系的大学也在发生变化。正是在这个时期，一批教育改革者和富有的资本家比如约翰·霍普金斯（Johns Hopkins）和以斯拉·康奈尔（Ezra Cornell）等通过新建和重塑大学，使其更加专注于研究和知识，不仅仅是在农业领域，而是覆盖人类发现的所有领域。

到 20 世纪中期，美国的研究型大学证明了它们对美国经济繁荣的重要性也许远远超过了早期倡导者的预计。工业革命期间，作为新技术的孵化器，这些新生机构还只是幕后参与者。在建设用于新项目的研究设施方面，公司和发明者是主力，其中最典型的是位于门洛帕克的托马斯·爱迪生的研究实验室。在 19 世纪 70 年代，当托马斯·爱迪生还是个年轻人的时候，没有一所大学能够提供他从事的研究所需要的实验室。所以，出于必要性，他建立了全国第一个工业研究实验室。

在 1876 年，爱迪生在新泽西州，纽约市以南 25 英里处的地方，建立了门洛帕克实验室。无独有偶，约翰·霍普金斯大学也建立于 1876 年，该大学后来成为美国第一所现代研究型大学。门洛帕克实验室很快就拥有了最好的科学设备并且致力于创新发明。爱迪生的目标是在一个地方集中他进行研究所需的所有工具、机器、设备和原材料。在当时，很少有大学拥有研究实验室，即使有，其研究设备也非常简陋。而爱迪生拥有很好的科学器材，包括昂贵的电流计、电量计和光度测量装置等。实际上，门洛帕克实验室成功的关键之一在于爱迪生在创新方面的技术投入和资金投入要比此前任何人都多很多。爱迪生自己拥有超过一千项的专利，是电灯泡、电力分配和电报的发明人，也是电话、电报和电影技术的改进者。他还创建了很多公司，这些都让他一跃而成为 20 世纪百万富翁精英俱乐部的一员。

像爱迪生的门洛帕克实验室一样，研究机构成为工业时代各大企业不可或缺的部分：通用电气（General Electric）、杜邦（Dupont），百路驰（B. F. Goodrich）、柯达（Kodak），RCA 和 IBM 等这些大公司全部都建立了工业研究实验室。大多数化学、石油、电力和橡胶行业的工业实验室都是在第二次世界大战前建立的。贝尔实验室（Bell Labs）是其中的典范：在其鼎盛时期，该实验室拥有 25 000 人，产生了 3 万项专利和 6 个诺贝尔奖。它最主要的发明包括：晶体管、蜂窝移动电话、有声电影和立体声录音。在 1921—1946 年之间，在美国制造业的工业研究实验室就业的科学家和工程师的人数从 2 775 人上升到 45 941 人。其中大多数的实验室集中在 5 个州：纽约州、新泽西州、宾夕法尼亚州、俄亥俄州和伊利诺伊州，这 5 个州一共雇用了上述 70％的科学家和工程师。由于发明活动呈现出前所未有的高度集中，我们可以有把握地说，这个阶段的大多数创新来自于大型老牌企业，这些大型企业很多是行业的垄断企业或者寡头垄断企业。

联邦政府在激励创新上也发挥了重要作用，虽然这些努力会受到政治目标变化的影响。在农业革命的过程中，政府通过像《哈奇法案》（Hatch Act）这样的项目来为科学研究提供经费。此外还有一些较小的举措。从第二次世界大战开始，联邦政府的介入大幅增加。战后时代的精英们明白创新对经济增长的重要性，但是国家安全才是主要驱动力。冷战时期来自前苏联的潜在威胁激发了政府对科学知识的兴趣。在短短几十年内，一笔前所未有的巨额研究经费被投入政府机构和大学。实际上，联邦政府资金帮助推动了所谓的私人大学比如斯坦福大学、约翰·霍普金斯大学以及芝加哥大学开展高水平的科学研究。

最初，第二次世界大战对于推动联邦政府参与创新起到了非常重要的作用。在美国处于战争状态的 5 个财政年度期间，整个政府的研究支出增加了 16 倍。同时期，美国国防部的研究支出增加了 13 倍。联邦曼哈顿项目（Manhattan Project）的成功带来了几个重要的影响。第一，建立了对自然科学能够带来创新的信心。第二，形成了战后对大规模的科学研究活动能够促进社会福利的乐观认识。

由于在科学研究中看到了潜力，联邦政府将对赠地大学进行经费支持的方式作为主要模式进行推广。20 世纪 50 年代自然科学基金会和国家卫生研究院的建立，反映了政府对大学进行的研究予以支持的愿望。战前，政府对大学研究的支持总额不超过 5 亿美元，由众多的私立大学和公立大学分割。然而到 1960 年，这个数字就翻了两番。资金的注入使美国主要的大学转变成为科学研究中心，这个角色远远超出了这些学校此前的预期。在 20 世纪 50 年代，在不断膨胀的大学研究预算中，联邦机构提供了大约 70%，大学和私立机构各自提供了 9%，其余的经费主要来自于企业。

1957 年，苏联发射了人造卫星，这是第一颗进入地球轨道的人造卫星。这次令美国大吃一惊的卫星发射，引发了一场导致两个超级大国进行空间竞赛的危机。这次人造卫星危机在艾森豪威尔（Eisenhower）和肯尼迪（Kennedy）担任总统任期内为学术界的领军人物提供了一个机会之窗。总统的科学顾问委员会享受了若干年的高知名度和成功的政策宣传。在 1958 年到 1963 年之间，联邦政策制定者做出了两个历史性的决定：第一，联邦政府承担起支持美国的基础研究的主要责任。第二，基础研究的任务将主要由美国的大学来承担，并将其作为研究生教育的重要内容。仅仅十年间，联邦政府对基础科学研究的经费支持就增加了 50%，联邦政府在科学研究上的总预算增加了 250%，联邦政府提供给大学的研究经费则增长了 455%。这些研究很多都集中在军事运用方面，尽管一些“大科学”项目也产出了民用成果——最好的例子包括计算机、喷气式发动机、雷达和青霉素。

在 20 世纪 60 年代，联邦政府的创新推动力开始减弱。随着在 60 年代来自民粹主义的压力的上升，肯尼迪和约翰逊政府做出了这样的应对：保留对大学研究经费资助的核心内容，同时进行三大改革。第一，引导联邦机构扩大联邦研究经费资助的地域分布，重视硬件设施建设并且努力将实力雄厚的研究型大学的数量翻一番。第二，联邦研究资助的领域扩大到社会科学、人文科学以及视觉和表演艺术。第三，联邦资助的范围显著扩大，从原有的 100 来所具有博士学位授予权的大学扩大到 3 000 多所学校，为它们提供非科研用资金，包括学生助学金和建设基金。这 3 000 多所学校包括社区大学、私立文理学院、州立学院和地区性大学、传统黑人高等院校、职业学校和私人学校。这样，在伟大社会的建设日程中，联邦科学政策被扩大并融入到高等教育和社会政策中。尽管如此，大学主导的研究这一基本模式继续为孵化新技术提供了强大的力量。

3.5 管理型经济

19 世纪晚期和 20 世纪早期大量发明不断涌现并迅速商业化。新的商业精英登上他们的宝座，取代了许多规模更小的、建立时间更早的企业。这个变革中发生的生产和贸易的巨大变化，改变了美国经济参与者的格局，这个格局随后延续了近一个世纪，没有受到大的挑战。在 1994 年的财富 500 强企业中，有 247 家是在 19 世纪 80 年代到 20 世纪 20 年代之间建立的。许多家喻户晓的公司，如爱思（Ace Hardware）和迪斯尼(Disney)，创立于20世纪早期，经济大萧条之前。

在许多方面，从美国历史的早期到工业革命之后一直是美国式自由市场经济核心特征的企业家的力量在第二次世界大战之后开始消退；此前几个世纪的企业家精神转变为20世纪中叶静态的合作主义。这个结果的形成部分是因为经济思想中的“越大越好”的理念的影响，这个理念不仅影响了商业界，还影响了政府和学术界。的确，美国的合作主义不仅得到政治家、官僚和管理机构的支持，同样也得到了企业自身的支持。

1911年，熊彼特的论文《经济发展理论》提出了一个关于企业家和创新的新的解释。对熊彼特而言，企业家是经济中的一个关键角色，“……是经济发展的个人原因。”熊彼特认为，企业家是经济变化和发展的机制。将企业家纳入“体系”就能释放一种重要的能量来推动它的发展。在熊彼特的世界，常规的社会阶层和静态的合作主义，被少数天才创造性破坏了。

1911年，当熊彼特写他的论文的时候，似乎很容易描述经济的活力。然而三十年以后，熊彼特对于企业家和美国式自由市场经济的乐观消退了。1942年，熊彼特预言大企业的霸权将导致创新和生产力增长速度的下降。在他最著名的《资本主义、社会主义和民主》一书中，熊彼特写道：“完全官僚化的巨型企业不仅驱逐了中小企业……也驱逐了企业家，并且剥夺了资产阶级，使其在这一过程中不仅失去了收入，而且更加重要的是失去它的功能。”这就是说，大企业对企业家精神会产生有害的影响。

在20世纪50年代，《财富》杂志写道：“巨型公众持股公司已经成为本世纪中期市场经济最重要的现象。”在报道该杂志进行的民意调查时，它评论道：“巨型公司将被视为一个大经济体不可缺少的一部分。”许多学者也持类似的观点，认为大企业是经济发展的必然趋势，或最多对企业的规模表达了模棱两可的态度。1926 年，凯恩斯写道：“我相信在很多情况之下，管理单位和组织单位的理想规模是处在个体与现代政府之间的那种规模。”

当然，在 19 世纪末和 20 世纪初那个充满企业家精神的时代，一些典型的创新就是依赖大规模的生产。亨利·福特的生产流水线就是为了满足大工厂提高效率的需要。其他的制造商当然是紧随其后，但不久以后，企业之间不再通过创新进行竞争，而是在自己的商业模式没有做任何根本性改变的情况下通过规模赶超来展开竞争。这样的后果无论对企业还是对创造性破坏的力量，都是一个僵局。

正如罗伯特·瑞奇（Robert Reich）在《超级资本主义》一书中写道：“钢铁被三大巨人所控制——美国钢铁公司、共和国公司（Republic）以及伯利恒公司（Bethlehem）；电力设施和设备行业被两大企业所控制——通用电气公司（General Electric）和西屋电气公司（Westinghouse）；基础化学被三家大型企业所控制——杜邦公司（DuPont）、联合碳化物公司（Union Carbide）和联合化工公司（Allied Chemical）；食品加工业由三家公司控制——通用食品公司（General Food）、桂格公司（Quaker Oats）和通用磨坊食品公司（General Mills）；烟草业也由三家公司控制——雷纳德公司（R. J. Reynolds）、利吉特 & 迈尔斯公司（Liggett & Myers）和美国烟草公司（American Tobacco）；飞机发动机制造行业有两家公司——通用电气公司（General Electric）和普惠公司（Pratt & Whitney）；汽车制造业有三家公司——通用汽车公司（General Motor）、福特公司（Ford）和克莱斯勒公司（Chrysler）。在电视广播新行业中，也有三家公司——NBC、CBS 和 ABC。”类似情况在美国各行业都很普遍。

尽管在大公司的控制下，经济在提供有效性方面确实取得了一些成效，但是也带来了一些我们不愿意看到的结果——许多这些结果是此前未曾预想到的。这个“大就是好”的时期的结果之一是同行业中企业之间的关系以及企业与政府之间的关系变得很亲密。企业之间如果能够相互勾结，它们就不会展开竞争，当某个行业中企业数量很少的时候，企业之间的相互勾结就非常容易。当企业之间相互勾结的时候，政府可以采取措施进行干预以制止这些勾结，鼓励竞争，但是政府却很少这样做。正相反，当政府确实介入的时候（比如，对该行业实施管制），政府会倾向于与企业密切合作，并进一步明里暗里地成为合作伙伴，从而对创新和企业家精神产生极为可怕的后果。

我们来看一个关于一项奇怪但是有潜在用途的设备“电话静声器”（Hush－A－Phone）的故事，“电话静声器”是在贝尔公司对所有和电话有关的产品具有全面影响的鼎盛时期，由一个发明家兼企业家引入的一项创新。“电话静声器”是一个安装在紧贴电话的送话器的部位的，用于消音的大塑料圆锥体，它采用成熟的声学技术来使打电话的人的声音尽可能的不干扰屋里的其他人。对于繁忙的办公室里比邻而坐，不断接听电话的员工而言，这个设备非常完美。然而，对于贝尔公司，这个设备虽小但是却是一种让人不舒服的威胁，影响了贝尔对该行业的完全控制。当时政府的相关规定是支持贝尔公司的垄断地位的。联邦通信委员会（FCC）的管理条例规定：“任何不是由电话公司提供的设备、仪器、电路或设施不能安装或连接到由电话公司提供的设施上。”

在这个条款规定之下，“电话静声器”的生产商被命令停止生产和销售它们的产品，并且被诉诸法庭。经过长达五年的周折，“电话静声器”被联邦通信委员会判定为非法生产，尽管该产品显示出有效性、安全性并且深受欢迎——公司宣称，在被要求停止生产之前，自己已经卖掉了25个“电话静声器”。后来经过长时间的申述，公司最终胜诉，但是这时贝尔公司很快就要推出一种新电话，为此，“电话静声器”必须进行重新设计。申述后没过几年，“电话静声器”就夭折了。

比较具有讽刺意味的是，政府最初开始干预经济是为了打破垄断，因为垄断带来了许多经济和社会问题。竞争是促使公司进行创新的天然动力，因为竞争中获胜的唯一办法就是使自己的产品比竞争对手更好、更便宜。企业与政府在政府监管垄断过程中或者在企业行会与相关管理机构和国会共同工作的过程中，形成了密切的关系。行业协会和受政府监管的垄断企业的主要政策目标是减少现有企业之间的竞争，并为市场提供可预见性。这样，政府管理经济实际上就是帮助了大公司。整个经济中大约有15%是由垄断监管者直接管理，剩下的则是通过政府与代表整个行业的大公司进行非直接的管理。实施的主导政策都是限制竞争的。竞争的减少带来更大的经济可预测性，这当然是有好处的。在第二次世界大战后，将要进入IBM工作的员工被告知需要跟自己的妻子讨论一下这件事情，因为“一旦你进入公司工作，你将终生都是这个企业大家庭的一分子”。

大公司的文化是拒绝创新的。经济的集中开始对企业家价值、创新和技术变化等产生负面影响。开发新市场所依赖的技术变化和创造机会所需要的创造性破坏都逐渐萎缩。美国能够驾驭工业革命期间产生的技术创新，并能够在这次创新的浪潮中驻足相当长的时间是因为没有竞争。观察者认为，公司应该通过做它们一直在做的事情而持续提高其效率，同时应该继续开发国内外的新市场。全球化的幽灵和重现开始的竞争还没有破坏管理型经济。

3.6 衰退的证据

在1976年公开打响第一枪的人是诺曼·麦克利（Norman Macrae），《经济学人》杂志的副主编。在当年12月25日的一篇名为“即将来到的企业家革命”的文章中，他认为，在未来的几十年，企业将要向着一个大多数的商人和政治家意想不到的方向发生根本性的变化。他预测到大企业时代即将结束。

他认为，大企业不会被国家资本主义所代替。官僚主义的生产方式是行不通的，因为其管理者不会引入节约劳动力的技术。变化的动力在于富裕国家受过教育的人们不愿意被自上而下地组织起来。当人们能够对一个友好的电脑说话的时候（当他写该文时，电脑和电子邮件还未出现），我们将会发现有许多企业家要创建他们自己的企业。诺曼继续写道："为了利用未来的技术，创业正是我们所需要的东西……当许多可以替代的新技术出现的时候，就会加大社会对企业家精神的呼唤，并让创业成为一件有趣的事情……富裕的国家如果将创业活动限制为几个大胆的狂热分子的冒险行为，这将是十分愚蠢的。"

那么我们应该如何管理一个你不能对别人发号施令的世界呢？正如管理学大师彼得·德鲁克所说："你必须学会在你没有下命令的权利的环境中进行管理。在这种情况下，既没有人控制你，你也不能够控制别人。这就是根本性的挑战。"那么，我们应该怎样生活呢？他认为："过去构建得像金字塔一样的公司，现在却更像帐篷，在一个临时性的组织中，你是不能够设计你的生活的。"

1980 年 10 月，《纽约时报》连载了 5 个故事，题为"行业复苏：政策的寻求"。十余年来在听惯了关于通货膨胀和失业等宏观经济问题后，在面对一系列"微观"问题的时候就显得非常的不同寻常。

第一个故事，《美国工业寻求恢复产品的竞争活力》指出，美国，这个曾经在第二次世界大战之后被认为是天之骄子的国家，已经不再能够对抗日本和西欧国家。第二个故事，《衰败的工业重地迫切需要帮助》关注在俄亥俄河谷传统核心产业——钢铁工业——的状况。钢铁工业面临的困难是难以解决的，并且经过了十余年的困境后，已经面临崩溃的边缘。钢铁工业的困难主要在于工厂关闭、缺乏国际竞争力、资本短缺、投资不足和高失业率。有人认为，如果能够找到拯救钢铁工业的办法，就能够拯救美国经济。

第三个故事，《停滞之中，高科技照亮了前程》指出了一个事实，即尽管美国经济的某些行业处于衰退，但是其他一些行业却充满活力。信息革命已经开始，处于上升阶段的行业包括：计算机、办公机械、制药、通信设备、电子元器件、飞机以及半导体等行业。这些行业是创业复兴的结果。

第四个故事，《日本对其产业进行帮助的经验是否能够指导美国?》思考的是，如果日本政府能够提升其经济成就，那么我们的政府也就能够改善我们的经济。

第五个故事《卡特经济重建计划》讨论产业政策。里面最有趣的问题是应该给予旧的产业多少帮助，给予高科技行业多少帮助。

当美国大工业腹地的工厂一家接着一家的倒闭的同时——大规模的产业空心化——日本的产品却大量涌入美国市场。日本人不仅在出口钢铁、轮胎、摩托车、汽车和电子产品等方面获得了成功，而且在高科技的核心领域也获得了成功。

然而，美国战后繁荣最伟大的动力之一——钢铁工业——尽管在与日本和德国的激烈竞争中苦苦挣扎，却在 20 世纪 70 年代的时候开始不断进步。在美国钢铁公司和伯利恒钢铁公司关闭工厂，解雇员工并大量亏损的同时，基于新的生产方法的新钢铁企业茁壮成长起来，最后发展成为著名的美国钢铁工业的“迷你工厂”。这怎么可能呢？这些工厂没有跟随传统企业，而是创新地通过运用新思路来生产钢铁。创业的举措在工业行业内开始出现。

3.7 信息革命

当《纽约时报》正在哀叹经济的停滞的时候，有着良好前景的组织发展的新形式正在出现；简而言之，管理型经济正在让位给暗流涌动的创新。在许多行业中，小型企业开发出比大中型企业更具创新性及改变游戏规则的产品。

也许 IBM 公司的起伏可以看作是这个变化的象征。IBM 在 20 世纪 70 年代的时候是计算机行业无可争议的领袖。IBM 从事的将大型商用机租赁给小公司的业务使得这家相对小的公司在 20 世纪 50 年代迅速进入《福布斯》500 强，跻身雷明顿·兰德（Remington Rand）和通用电气（General Electric）等大公司之列。IBM 引领了许多创新，这些创新使主流的大型商用机能够进入更多的公司，并能更好地满足不同客户的要求。对现在的计算机用户而言，这些机器可能看起来像大型冰箱并排堆叠在一起，用交叉的电线连接起来，然而在那个时代，IBM 就是最先进的。到了 20 世纪 70 年代，IBM 就意味着计算。

IBM 研究预算的规模之巨值得一提。在 20 世纪 50 年代，它的研发费用占公司纯收入的 35%。到 20 世纪 60 年代和 70 年代，IBM 投入纯收入的一半用于新产品开发。实际上，IBM 在计算研究领域投入的资金比联邦政府的投入还要多。可以说，IBM 公司在新产品和创新产品研发上的投入已经多得不能再多，但即便是这样，它的努力仍不能够使其充分利用即将出现的技术变迁。IBM 在当时的计算机行业中的霸主地位是毋庸置疑的，每年销售额大约 70 亿美元，大多数的人们会觉得它的地位会被撼动是不可思议的事情。IBM 在计算机行业的统治地位类似标准石油公司（Standard Oil）和美国钢铁公司（U. S. Steel）鼎盛时期在自己行业的统治地位。然而，尽管 IBM 公司有着坚实的根基，但它不久就会挣扎着适应经济的变化，这些变化导致对大型商用机的需求不断减少。

20 世纪 70 年代的其他大公司也在努力掌握计算技术的新发展。具有传奇色彩的施乐帕克研究中心，也称为帕罗·阿尔托研究中心，就像西岸的贝尔实验室：规模大、充满科学的光彩，并且拥有较大的自主权选择做自己想要做的项目，独立于施乐公司的核心商业模型。由于其在办公室复印机行业近乎处于垄断的地位，施乐公司才能够养得起这样一个庞大的机构。在施乐帕克研究中心的诸多发明中包括全世界第一台个人电脑——发明于 1972 年并且被命名为阿尔托（Alto）。这台电脑并不是 IBM 那样的大型商用机，而是一台拥有微型处理器和软件的更小的机器。几十年以后，当斯蒂夫·乔布斯（Steve Jobs）起诉微软偷窃苹果公司的图像用户处理界面的“外观和造型”的时候，比尔·盖茨（Bill Gates）反驳道，他们都是从施乐帕克研究中心偷来的点子。

像施乐帕克研究中心这样的研究机构是一个让人难以置信的、能够激发发明创造的地方。这些拥有科学和工程领域最聪明的头脑的实验室怎么可能出错呢？然而，这些合作主义的孵化器却并不完全适合财富的创造和积累。施乐公司从来就没有对利用施乐帕克研究中的许多发明真正感兴趣过。尽管诞生于研究实验室的激光打印机给它带来了数十亿美元的收益，但是总的来说，对施乐公司而言，施乐帕克研究中心的研究过于快速和激进了。

IBM 的官僚主义性质也对其适应发生在公司研究部门之外的技术变化产生了负面影响。在 1981 年，IBM 公司确实制造出了一个个人计算机模型，彻底从其旧的商用机生产线转变到新的个人电脑。这是一个了不起的成就，但不完全是 IBM 的成就。为了制造个人电脑，IBM 变得比以前更加依赖那些规模较小的计算机零部件的供应商。两个著名的案例是，IBM 从新发展起来的公司英特尔（Intel）购买微型处理器，以及 IBM 委托比尔·盖茨和保罗·艾伦（Paul Allen）开发操作系统。这样，IBM 就能够为市场组装一台个人电脑，但是真正的创新——软件和硬件——来源于后来远远超过 IBM 的新创企业。

在个人电脑的生产领域，IBM 在一段时间内拥有市场的主流模型，但是其他公司很快就赶上了。20 世纪 80 年代中期，还是大学生的迈克尔·戴尔（Michael Dell）在他的得克萨斯大学宿舍里就开始组装计算机。他认为他可以制造出比 IBM 公司更加便宜的计算机。他是对的。1992 年，在他 27 岁的时候，迈克尔·戴尔成为财富五百强企业里面最年轻的老板。2001 年，戴尔计算机占领了全球个人电脑市场的 12%。到 2012 年，迈克尔·戴尔身家价值接近 160 亿美元，而且他在《福布斯》五百富豪排行榜中名列第十八位，在全世界最富裕的人中排行第四十一位。

像比尔·盖茨和迈克尔·戴尔这样的人是计算机行业中新文化的最典型的代表。他们两人都非常年轻和勤奋，并且认为新思想和新公司能够彻底改变他们所在的行业。盖茨相信公司不需要拥有能与联邦政府的研究预算相媲美的研究经费，正如 IBM 一样，就能够参加到行业竞争中。在他的脑子里，以及在许多信息革命中与他同时代人的脑子里，美国经济大门是敞开的。

比尔·盖茨 1955 年出生于华盛顿州西雅图市一个富裕的中产阶级家庭。他的父亲是一位成功的律师，他的母亲是一位学校教师。盖茨从高中时代起就对计算机产生了兴趣。那个时候，他为一个叫作 tic－tac－toe 的游戏写出他的第一个程序。大学二年级，盖茨设计了一个煎饼排序算法，解决了若干以前不能解决的计算问题。他的算法保持了 30 年的纪录，后来，与一位哈佛大学教授，克里斯多夫·帕帕迪米崔奥（Christos Papadimitrio）一起将该算法封装并且出版。

1975 年，在英特尔开发出微型处理器的同时，盖茨和他的高中同学保尔·艾伦就已经在编写代码了。在随后的几十年，计算机行业将被一大批中产阶级的程序员、工程师和比尔·盖茨这样的企业家所改变，他们中的许多人不是成为亿万富翁，就是成为千万富翁。

3.8 大公司和小公司的创新

推动计算机革命的技术创新展示了导致管理型经济崩溃的力量的最戏剧化的例子。小公司推动的创新引发全国范围内的各行业发生了类似的变化。大卫·奥德茨（David Audretesch）和我在 20 世纪 80 年代的一系列研究分析了美国的大公司和小型创业公司的创新成果。通过对数百个行业的几千项创新的研究，我们发现大公司仍然是某些行业的创新主导者，但创业公司则成为一些其他行业的创新主导者。

也许最令人震撼的是，在电子行业和计算机设备行业，这是高科技革命的核心——我们发现了395项创新，其中158项来自于大公司，227项来自于创业公司（还有另外10项来自于规模大小不明的公司)。以单个员工为单位的话，小型创业公司的创新成果是大型公司的两倍。尽管大多数的创新发生在由少数几家大型公司控制的高科技行业，但是这些行业内大多数的创新是来自新创公司。我们研究的第二个发现是大多数的创业公司分布在硅谷地区和波士顿128号公路的两侧。

小公司在制造业中的份额开始增加，扭转了此前一百年来公司越变越大的趋势。一些创业活动的指标也开始发生变化。从1966年到1968年，农业以外自雇就业的人数直线下降，然后又慢慢回升，直到1978年才恢复到之前的水平，然后继续缓慢上升，直到1990年之后才一直保持这个水平。

每一千人的企业数量从1948年起就开始持续下降，在1970年前后该数量才基本稳定下来。新企业注册的数量从20世纪60年代后期开始增加。20世纪60年代的IPOs数量偏低，但是在20世纪70年代早期暂时冲到了一个较之前高得多的水平，然后在20世纪70年代末期又跌落至一个极低点。20世纪70年代初期，随着微型处理器、重组DNA以及高油价的出现，其他的力量发挥着作用。已有的企业巨头们不再能够吸纳新技术，美国需要新机制和新机构。

美国的政治家们非常支持这些经济中的变化，在这一点上没有党派分歧。当然，这并不奇怪，因为新公司具有创新性，能给市场带来新技术和创造巨大的财富。1988年5月，罗纳德·里根（Ronald Reagan）给莫斯科大学学生的讲演中这样说道："当代的探索者是创业者，具有愿景、冒险的勇气以及足够的信心勇敢面对未知的人。美国几乎全部的经济增长都是由这些创业者和他们的小企业带来的”。

国会议员们急于激励类似于计算机行业那样的创业发展。例如，民主党议员伯奇·贝耶（Birch Bayh）和共和党议员鲍勃·多尔（Bob Dole）联合提出了著名的《贝耶一多尔法案》（1980 年通过）。该法案允许大学和大学的研究者将他们的研究进行资本化，即使这些研究得到了联邦政府的资助。这个法案激励了大学将研究成果商业化，并更注重研究那些能够商业化的项目。研究型大学成为了知识创造的发电站。尽管企业的研究依然重要，但是大学的研究已经开始爆发。大学成为新知识的源泉，新知识则被转化到私人企业。

后来一段时期，从 20 世纪 80 年代初以后，由大学发放的专利许可的数量与新兴企业的数量开始增加，部分是因为《贝耶一多尔法案》，其次是因为其他改革和结构性变化。1982 年颁布的《小企业创新发展法案》规定将联邦研发基金的 1.25%给予小企业。数十年来，该计划给予小型高科技企业经费支持，并让技术实现了商业化的目的。

此外，在 20 世纪 70 年代后期，政府对养老基金的管理进行了改革，允许其投资非上市企业，产生了制度化的风险资本。这有助于促成一种新的创业融资方式的发展。在 1946 年到 1977 年之间，每年新成立的风险投资不足几亿美元。从 20 世纪 70 年代开始，到 20 世纪 90 年代末的高峰时期，风险资本行业的资金快速增长。尽管这些资金大多数进入了 IPO 和新型企业，但还是有部分资金用在了支持企业创新。据估计，从 1983 年到 1992 年，风险资本大约占企业创新资金来源的 8%，到 1998 年，风险资本约占 14%。

美国信息基础设施的创业投资主要发生在 20 世纪 80 年代。比如，迈克尔·米尔肯（Michael Milken），尽管他后来因为参与内部交易而变得臭名昭著，但是他曾经为信息行业投资了 210 亿美元。他最大的投资是给 MCI、电信公司（Tele-Communications Inc.）、麦格劳蜂窝电信公司（Mc-Graw Cellular Communication Inc.）、特纳广播公司（Turner

Broadcasting)、时代华纳公司（Time Warner Inc.），以及都市媒体广播公司（Metromedia Broadcasting）。由于缺乏传统担保品，这些公司都无法获得来自其他渠道的资金投入。投资于这些企业的100亿美元的原始资金到1993年时已经达到了620亿美元的市值。当时投资铺设的玻璃光纤现在已经成为美国信息经济的核心资源。

3.9 创业型经济

在继续讨论之前，理解这个日益创业化的社会是什么样子的十分重要。以下五个重要特征值得注意：

1. 市场和个人的公司正在代替官僚主义。

正如诺曼·马克里（Norman Macrae）所说，官僚主义的生产方式行不通，因为管理者不愿意引入节约劳动力的技术。曾经在管理型经济中存在的“大量劳动力、大企业和大政府”三位一体模式已经消失。员工队伍中劳动力的比例急剧下降，大企业在不断变化。政府职能越来越多地承包给私人部门。

2. 知识比物质资本更重要。

现在知识和创造新知识的大学的重要性远远超过了21世纪初。今天，大学是创业社会的制度基础不可或缺的一部分，在这个创业社会里知识已经取代了体力劳动成为最重要的生产投入。正如《经济学人》所说，知识工厂（大学）已经成为创造知识来推动创业社会发展的最重要的机构。

3. 公司结构更加有活力。

第二次世界大战以后，大公司常常通过寡头垄断的方式控制美国经济，这些公司的人员流动性非常低，新企业的作用微乎其微。在过去的几十年，这种情况大大改观。提供新产品和服务的新公司（IT业、生物技术和零售业）以及进入到传统行业的外国公司（比如汽车行业和钢铁行业）已经成为经济增长的重要推动者。创业企业的特点是相对扁平的管理结构和对市场需求的快速反应，而大企业的管理制度一般来说更加官僚化，管理层次更多，而且决策缓慢。这个与诺曼·马克里（Norman Macrae）和彼得·德鲁克的观察是一致的。诺曼·马克里认为受过教育的人不愿意受从上到下的管理，彼得·德鲁克（Peter Drucker）认为组织更像是帐篷而不是金字塔。

4. 创新的本质和过程是非常不同的。

在勇于冒险的创业者的领导下，新公司不相称地担负起研发“突破性”技术的责任，尽管这些技术的完善、大规模生产以及营销一般还是需要大公司来完成。正在刻画着现代生活的创新——汽车、电话、飞机、空调、个人电脑、大多数的软件和互联网搜索引擎等，都是由创业者开发出来并且商业化的。突破性的创新比渐进式改革能带来更快的整体增长。比如，从统计数据来看，主要由创业公司带动的 IT 业革命，对过去十年来美国生产率的快速提高具有显著的影响。

5. 机会面前人人平等。

在管理型经济中，政府封闭了该模式。也就是说，政府通过所得税和继承税成为剩余收入的接受者。相反，在一个创业社会里，个人可以变得富裕！财富重组的最终仲裁者是第三个部门：公益事业。这个独特的美国机制允许社会在不改变现存阶级结构的情况下得以维持下去。

3.10 为什么信息革命会发生在美国

这个问题不容易回答，它可能是因为技术，也可能是因为运气和勤奋。正如我们已经讨论过，信息革命特别令人费解，因为它产生于一个整体上不断僵化和官僚化的经济体，或者说至少看起来是这样的。其他人像比尔·盖茨（Bill Gates）和保罗·艾伦（Paul Allen）一定是以一种不同的视角来看待美国经济的。在艾伦的回忆录中，他回忆到曾经跟比尔·盖茨（Bill Gates）一起阅读《财富》杂志，在 20 世纪 60 年代末，盖茨告诉他自己就有志将来要建立一家自己的公司。后来在 20 世纪 70 年代的时候，当盖茨和艾伦已经决定要一起进入软件行业发展的时候，他们一起致富的想法仍然没有消失。

艾伦回忆当他们一起努力写出他们的第一个程序语言的时候，他这样写道："我们正在为一个微型处理器写一个全国高水平的程序语言。有时候，我们想也许来自麻省理工大学（M. I. T）或者斯坦福大学（Stanford）的人会打败我们，但是我们很快又集中精力做下去。我们能写出来吗？我们有动力和技能，我们不顾一切地抓住机会，我们几乎全天都在工作，周末上两天班。比尔基本上不去上课，我则基本顾不上我在霍尼韦尔（Honeywell）的工作。中午才到办公室，待到下午 5 点半，然后又开始编写程序直到凌晨 3 点左右。"这些巨大的努力发生在 1973 年，那个时候正是 IBM 统治着计算机行业，美国经济处于管理型经济的顶峰。然而，技术革命的暗流已经在涌动，它的支持者已经拥有足够的信心相信他们能够兑现自己的产品，如果这些产品确实有用。

艾伦这样描述比尔·盖茨的动力："在我们通宵达旦地工作的时候，我偶尔会抓住比尔正在打瞌睡。他正在编写程序的时候，渐渐向前倾斜直到鼻子碰到键盘。睡一两个小时以后，他睁开眼睛，眯眼看着屏幕，猛眨两次，然后继续准确地接着刚才停下来的地方开始——精力高度集中。"尽管美国经济在 20 世纪 70 年代的时候看起来注定要由老牌巨人企业控制，但是已经存在一个潜在的"能够做到"（can-do）的文化和对企业家精神的信念，这最终将把美国引入一个新时代。

然而，这不是我们寻找的答案。信息技术革命发生在美国的原因部分是盖茨和艾伦的故事，但是也是美国例外主义（American exceptionalism）的故事。美国允许、鼓励并且资助带来变革的激进创新。

激进创新与渐进式创新正好相反，会创造出新产品来取代旧产品。汽车工业取代了马车业，个人电脑既取代了大型商用机，也取代了机械打字机，电子收银机取代了机械收银机，电子照明取代了煤气照明，手机正在取代固定电话。

渐进式的创新，如汽车上的一根新保险杠、厨柜上的一个更好的把手、一个设计更好的灯，并不会淘汰现有的行业、裁减员工或者让某人变得富裕。实际上，世界上一些管理型因素占更多比重的经济体比如德国和日本，都致力于渐进式而不是激进的创新，并且密切加强企业、劳工和政府之间的合作，以此作为它们比较优势的源泉。

作为一种创造性破坏的形式，激进的创新会带来两个结果。

第一，激进创新会淘汰旧的行业。在 20 世纪的大部分时间，俄亥俄州的代顿，曾经是国家收银机公司（National Cash Register Company）的总部所在地。公司通过在全世界销售其收银机而变得非常富裕，它为员工提供了高工资和高福利的待遇，给家乡的社区提供了市民指导（civic guidance）。然而，代顿在收银机制造上的主导地位以及若干其他的行业创新并没有永远保持下去。

信息革命导致了知识基础的转变，几乎所有的零售店的机械收银机都被光学扫描仪和计算机所取代。微型处理器、扫描仪、条形码以及计算机的发明使得收银台使用的机械收银机被淘汰。1991 年 ATT 公司恶意收购了国家收银机公司之后，资金拮据的公司被迫缩减规模并且最终被分拆出去。代顿再也没有能够恢复它以前的繁荣。大部分国家收银机公司的员工失去了工作，并且不能在新行业中找到工作，因为他们不会编写计算机代码。这种技术的变迁破坏了工人、公司和社区已经拥有的机会。激进的创新使得工人被淘汰，导致了失业，并且在创造新机会的同时破坏了一些机会，这点我们在第 2 章已经讨论过。

第二，激进的创新奖励了将它们带入市场的创业者。这是美国式自由市场经济建立的方式。盖茨和艾伦变得非常富裕，是因为他们写出的软件被运用于最初是在美国后来在全世界销售的每一部计算机。他们与其他无数人一起从事创新并且成为富翁。下一章我们将研究财富的问题。

3.11 结论

正如我们前面讨论过的，许多行业都出现了创业型市场经济的回归和新的创新公司的涌现，包括钢铁——这个曾经长期被老牌巨头所控制的行业。政治家和政府项目积极支持经济中这种变化，它们在帮助美国与其他经济体竞争，如战后崛起的德国和日本，同时创造工作机会并在整体上推动美国经济的发展。现在，经济学家倾向于认为像微软等公司所进行的那种技术创新，带来了大约 50%～75%的战后美国经济的增长。

政策制定者看起来很可能会继续促进激进的创新。然而，这些经济中的变化无疑造成过去 30 年来美国日益增大的收入差距。正如第一镀金时代（the first Gilded Age）一样，伟大的企业家们将财富集中在少数人手中。

当人们回顾管理型经济的时候，难免会产生一些怀旧情绪。不管怎么说，20 世纪 50 年代是美国经济的黄金时期。对白领雇员而言，就业稳定并且具有可预测性。对蓝领工人而言，作为工会的一员，工厂的工作能够确保他们得到较高的薪酬并且不容易出现工厂迁往海外或者被技术发展所淘汰的危险。就创新而言，管理型经济好像也具有吸引力，拥有像施乐帕克研究中心和贝尔实验室这样的大型企业研究实验室，聚集了一些科学和工程领域最优秀的人才。然而，所有的这些稳定和可预测性都是因为有限的竞争。像施乐（Xerox）和 IBM 就曾在美国和全球的产品与服务市场上几乎就没有竞争对手。

美国有一天可能会回到管理型经济，但是可能性似乎很小。为了应对全球市场的竞争，企业被迫保持精简和灵活。政策制定者知道，他们需要激发创新动力从而推动经济向前发展。熊彼特和他同时代的人关于未来的认识是错误的。他们错在低估了创造性破坏在美国经济中根深蒂固的本质。企业家精神将在美国重新复苏，并且挑战官僚霸权主义。

第 4 章　国家的财富

民主最重要的不是伟大的财富不应该存在，而是伟大的财富不应该存在于同一个人手里。

——安利克斯·托克维尔

4.1　金色道钉

20 世纪开始，美国的研究型大学已经越来越走到创新的前沿，在开发为大公司和创业者所利用的新技术方面，承担了更加重要的角色。最近的几十年来，有一所大学和一个地区已经成为知识创新和高新技术产业的代名词：斯坦福大学和硅谷。这所大学在其所在地区的经济发展中发挥了不可或缺的作用，这部分是因为许多校友在附近的技术公司工作，同时也因为由斯坦福大学，尤其是由教师和研究生创造出来的许多发明，得以商业化并且转化成为硅谷高新技术中的一部分。

今天，斯坦福大学获得了极大的成功。学校拥有 160 亿美元的捐赠，大约有 15 000 名学生，在许多领域的研究都处于世界最前沿的水平，包括工程与技术、生命与自然科学以及健康科学。硅谷也获得了惊人的成功。自 1965 年以来创建的全球最大的 100 家高科技公司中，有 33 家位于硅谷，包括苹果公司（Apple）、谷歌公司（Google）、奈飞公司（Netflix）、甲骨文公司（Oracle）、太阳微系统公司（Sun Microsystems）、思科公司（Cisco Systems）、英特尔公司（Intel）、国家半导体公司（National Semiconductor）、Excite 公司和雅虎公司（Yahoo）。在硅谷，雇员人数低于 20 人的高科技公司占所有公司数量的 55.9%，这是全球最高的比例之一，此外，本地高科技公司占硅谷公司总数的 65.9% ，这也是全球最高的比例之一。

今天的斯坦福大学既是创新研究中心也是高等教育的领先者，其实力来源于多方面，包括联邦政府为斯坦福大学的教授和研究生提供的可观的经费资助。斯坦福大学也延续了私人捐赠的传统，这可以追溯到它是由一位铁路大亨资助建立的历史。今天的斯坦福大学仍然跟它创建时一样，与美国式自由市场经济运作密切关联。尽管利兰德·斯坦福（Leland Stanford）可能并没有想到他的大学会如此成功，但他致力于“培养学生的个人成功和人才的实用性”，并对学生延续了对他自己一生影响深远的中产阶级价值观。

当利兰德·斯坦福将他的财产捐献出来创建一所以他去世的儿子命名的学校的时候，他是一位商人和前州长。他在 19 世纪 50 年代早期的淘金热中移民到加利福尼亚州并在铁路行业上进行了几次回报丰厚的投资。然后，他从商业利己行为转向专注于运用其财富的新方式。在他们唯一的儿子去世后的那年，斯坦福和他的妻子投资创建了一所大学，以他们已故的十五岁的儿子的名字来命名，以此纪念，并说道，从现在开始，“加利福尼亚州的孩子们都应该是我们的孩子”。

利兰德于 1824 年出生于一个 8 个孩子的家庭。他的父亲是一个农民，他们一家居住在纽约州中部的家庭农场。利兰德直到 1836 年才进入当地一所学校读书，之后，他进入纽约州立大学克林顿社区学院学习。1841年到1845年间，他在纽约的卡泽诺维娅神学院学习法律。毕业以后，他进入阿尔巴尼的威腾、杜立特尔 & 哈德利律师事务所工作，在1848年获得律师资格，随后搬到威斯康星州的华盛顿港，在那里他与卫斯理·贝尔斯一起开办律师事务所，之后在1852年迁往加利福尼亚州。

在那个时代，美国仍然是由铁路连接到一起的。利兰德·斯坦福当时担任中央太平洋铁路公司的总裁，他与另外三位杰出的商人是这家公司的主要投资人。他将主要精力集中于修建翻越内华达山脉的铁路。1868年，他建立了太平洋联盟特快公司，从西部铺设铁路，与当时正在修建的从东部出发横贯大陆的铁路相连接。1869年5月10日，在犹他州的普瑞蒙特瑞，利兰德·斯坦福钉下了那颗著名的金色道钉，标志着历史上一项伟大工程的完成——横贯大陆的两段铁路接轨。然而，他最为持久的贡献还在后面。

在创办斯坦福大学的时候，利兰德的愿景是提供一种“实践性教育”，一百多年以后，这个愿景还在指引着这所大学。斯坦福想要建立一所非传统的大学：一所男女同校，与宗教派别没有任何关系的学校，明确强调实践，并致力于造就“有文化教养的、有实用价值的公民”。1885年秋季，斯坦福在他的乡间别墅为斯坦福大学设立了创始基金。11月14日，斯坦福大学第一任董事会的24位成员在旧金山通过了捐赠文件。该文件确定了该大学的范围、责任和组织，并且确立了它的愿景：“培养学生的个人成功和人才的实用性，受到人道和文明的熏陶，明晓法律约束下的自由的可贵，懂得热爱和尊重人生而享有生存、自由和寻求幸福权利的神圣原则，从而推进公共福祉。”

实践教育的价值已经在大学的研究实验室得到验证。这所大学已经成为近十年来技术转化的领军者，它的实验室产生了现在为全世界千百万人使用的各种发明：计算机、手机、搜索引擎等等。当谷歌公司上市以后，斯坦福大学收到了来自谷歌创建者谢尔盖·布林和拉里·佩奇的几百万美元的捐赠。他们俩曾经在斯坦福大学攻读计算机科学博士学位，随后退学在一间租来的车库里面创建了谷歌公司。

这所大学最初获得的捐赠非常可观，包括 8 000 公顷用于建设校园的土地。在她丈夫去世后，简·斯坦福于 1898 年卖掉了她的铁路股权，转给学校董事会 1 100 万美元和一些地产。一个世纪以后，现在的斯坦福大学已经拥有 8.06 亿美元的研究经费，仅次于约翰·霍普金斯大学，并且拥有超过 15 亿美元的运营预算。

自斯坦福最初的捐赠后，斯坦福大学实现了惊人的发展，各种公益捐赠支持着这所大学成为世界上最好的大学之一。2002 年，这所大学得到的捐赠总共超过 4.5 亿美元，仅次于哈佛大学。其中，4%来自学生家长、40%来自其他个人、26%来自于校友、18%来自各种基金会、7%来自公司，还有 5%来自其他渠道。1993 年到 2002 年之间，斯坦福大学得到的捐赠增长了 150%。今天，斯坦福大学获得的捐赠比加州大学系统 10 个校园获得的捐赠总额还多 63%。

或许没有哪所大学敢说自己在 20 世纪最后 25 年中对经济产生的影响超过了斯坦福大学。它已经创建了一个学者社团和世界一流的校友网络，从它那里毕业的研究生建立了许多世界上最成功的高科技公司，包括惠普公司（威廉·休利特和戴维·帕卡德）、思科系统公司（列昂纳德·波萨克和桑德拉·勒纳）和谷歌公司（谢尔盖·布林和拉里·佩奇）。

4.2 财富的问题

资本主义的本质，无论是美国模式还是其他模式，都会导致各种社会疾病。资本家过去很贪婪，现在依旧贪婪。

在斯坦福大学的历史以及它的捐助者背后，是一个关于财富的故事。

但它不是一个关于闲置的财富或者一定是有特权的财富的故事，而是由利兰德·斯坦福，一位从律师转行的铁路企业家通过所赚取的财富来创造更多财富的故事。斯坦福没有把他的钱贮藏起来，而是用这些钱给那些像他一样有抱负的人创造机会，通过勤奋工作而实现个人成就。

斯坦福的故事看起来并不符合人们头脑中富人的典型行为模式，即一个贵族阶层拥有继承来的巨额财富，他们将这些财富要么用于享受奢侈的生活，要么用于通过建立某些机构来保护自己的财产。当然，希望保有自己所得的财产是一种自然倾向，这就是为什么没有人真正愿意纳税，即便他们相信缴税最终是有益于社会的。然而值得一问的是，一个人实际上究竟需要保留多少钱？正如杰出的经济学家约翰·梅纳德·凯恩斯在他1930年著名的《我们后代的经济前景》一文中所说："热爱占有金钱将会被认为是一种令人恶心的病态，一种半犯罪的、半病理倾向的，并且战栗着已经将一只手交给精神病医生的那种人。"

本书中，我非常明确地认为我们需要企业家精神和创新，我全部的学术生涯都是在研究这些力量对经济增长的重要性。然而，这些力量产生的一个外部性是，成功的企业家能够聚集财富，正如在19世纪后期，利兰德·斯坦福在修建铁路的时候发生的那样。今天，也正在出现这种情况。从20世纪70年代开始，也就是我在第3章讨论过的创业型经济方兴未艾的时候，美国收入增长的中间值一直保持相对平稳。然而，在此期间，我们创造了巨额的财富。例如，1970年道琼斯指数是600点。到了21世纪初，道琼斯指数就已经超了10 000点 。从1980年到2000年之间，以2001年的美元价值计算，美国家庭净资产中间值从130 000美元上升到400 000美元。这种财富的创造在战后几十年的时间内完全是史无前例的。

回顾20世纪50年代和60年代，20世纪中叶的美国管理型经济最令人瞩目的特点是它的稳定性和可预测性。确实，那时的美国有穷人和富人，但是个人很少有机会成为超级富豪，因为当时的制度抵制变革——抵制可能会颠覆革命性新产品和创新。在当时的各个行业中，几乎很少有重大创新和新公司的加入。对个人而言，机会主要意味着一个人能够通过勤奋工作在公司中获得晋升。然而，这不会从根本上改变经济结构或者企业的运作模式——所有的这些都主要建立在企业、劳动力和政府三者的日常关系之上。

反之，在一个创业型社会里有财富的创造，而且有很多。实际上，成功的创业精神的根本结果之一是金钱的积累。几个世纪以来，一波又一波的企业家已经利用各种机会创造出了许多财富。在 18 世纪，财富是由贸易商和种植者创造的；在 19 世纪，财富是由企业家和金融家创造的；在 20 世纪，财富则是由技术、制造、汽车、飞机和电子工业等领域的伟大创新者带来的。这些创新为千百万的美国人带来了工作和经济机会，提升了人们的生活水平，带来了更加便宜和更加充足的商品与服务。

最近，信息革命已经带来了计算机、手机、互联网以及信息和交流技术等领域的创新。主要的创新者包括软件领域的比尔·盖茨，微型处理器领域的哥顿·摩尔，以及搜索引擎领域的拉里·佩奇和谢尔盖·布林。大量的财富也产生于金融业（乔治·索罗斯）、生物技术（罗伯特·司华生）以及娱乐业（奥普拉·温弗里）。包括这些创新者在内，全美财富超过 10 亿美元的富翁人数从 1982 年的 13 人上升到 2010 年的 400 人。2010 年，财富在数千万美元到数亿美元间的人数达到 25 万，财富在数百万美元的人数达到 510 万。由于创造了如此多的财富，有人评论到，我们已进入了第二个“镀金时代”。在 20 世纪中期，《福布斯》排行榜中 80％的美国富豪的财富是来自于财产继承。今天，这个比例已经下降到不到 10％。

4.3 收入不平等，极大的差异化

由于新的创新活动带来的财富主要集中在富人手中，美国收入不平等

——最富裕的美国人的财富与最贫穷的美国人的财富的比率的整体状况已经开始更加接近于发展中国家了。正如托马斯·诺亚（Thomas Noah）在《石板》杂志（Slate Magazine）上关于收入不平等的10期系列报道中的最后一期中写道："我发现自己回到了这个系列开始时描述的感觉：我不想生活在一个香蕉共和国。美国人为什么会在过去对那种赤裸裸地分化为特权阶层和赤贫阶层的社会嗤之以鼻，这是有原因的。这种社会是让人无法接受的。但是现在我们似乎较少听到对这样的社会的批评了，或者这是我的想象？或许是因为对美国人来说，要在这样的讨论中保持必要的道德优越感现在比较困难了？"

当收入不平等剥夺了公民的机会时，它就会让一个社会陷入道德困境。尽管财富集中在收入分配的最上端可能还不会导致社会倒退至领主和农民那样绝对两极分化的社会，但是会引发一些限制经济机会的问题。这种体制将减弱创造性破坏的力量，并且导致为社会中其他人群提供机会的机制失灵。此外，这还会对大多数美国人的购买力产生长期影响，降低他们购买商品和服务的能力，从而影响到经济的发展。

美国收入不平等的严重程度在过去的一个世纪有起有落。图1显示了在过去90年中收入最高的10%的人群的收入占总收入的比例。我们将这个图分为三个阶段：从1917年到1930年是第一个"镀金时代"的后期；从1930年到1979年是管理型经济时期；从1980年至今，是一个新的"镀金时代"出现的时期。总的来看，镀金时代与收入不平等较大的时期是相关联的，而管理型经济跟收入不平等较低的时期是相关联的。

因为成功的创业活动能够创造巨大的财富，因此也就带来了收入的不平等。如果我们限制创业活动的开展，收入不平等将会减少，但是也会导致创新的减少，并且会在一个参与全球竞争的经济体中引发更深层次的问题。20世纪80年代和90年代的创业革命很好地解释了排名前10%的高收入人群以及排名前1%的高收入人群的收入份额的增加（见图2a和

2b)。企业家通过对信息和通信技术革新的投资以及建立新公司赚到了很多钱。

除了创业者赚取的数十亿美元，许多其他人也从不断增长的教育回报率中得到了好处，他们大多数也是处于收入分配的最高端。随着越来越多的学生进入大学和研究生院学习，提升自己的人力资本，高中教育、大学教育和研究生教育水平之间的收入差距加大。在管理型经济中，许多的工业技术更喜欢采用大规模生产的方式以及使用对技术要求不高的劳动力，所以相比受过大学教育的工人，有技能的工人收入更高，即便这些有技能的工人只有高中毕业证。

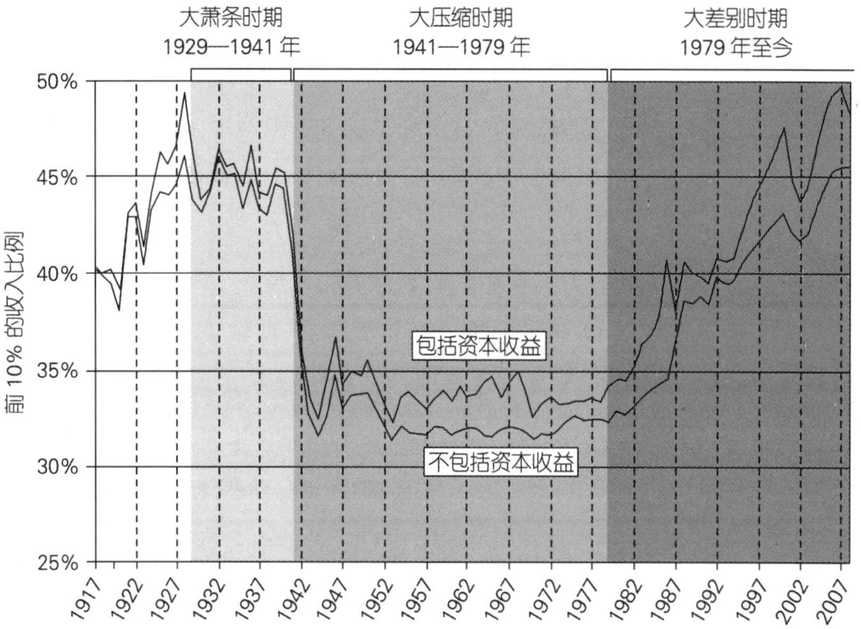

图 1　1917—2008 年排名前 10%的高收入人群所占的收入份额

注释：收入被定义为市场收入（不包括政府的转移支付）。在 2008 年，收入最高的 10%的人群包括家庭年收入超过 109 000 美元的所有家庭。

资料来源　Thomas Piketty and Emmanuel Saez，http：//rwer. wordpress. com/2010/09/20/ graph-of-the-week-the-top-10-income-shar-in-usa-1917-2008.

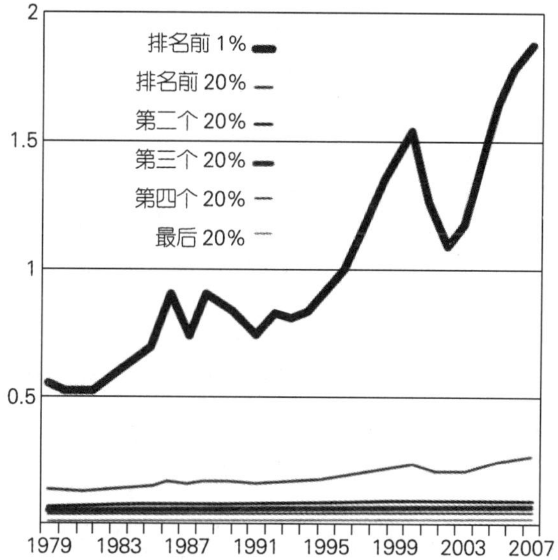

图 2a　平均家庭税前收入（2007 年，单位：百万美元）

资料来源　Congressional Budget Office.

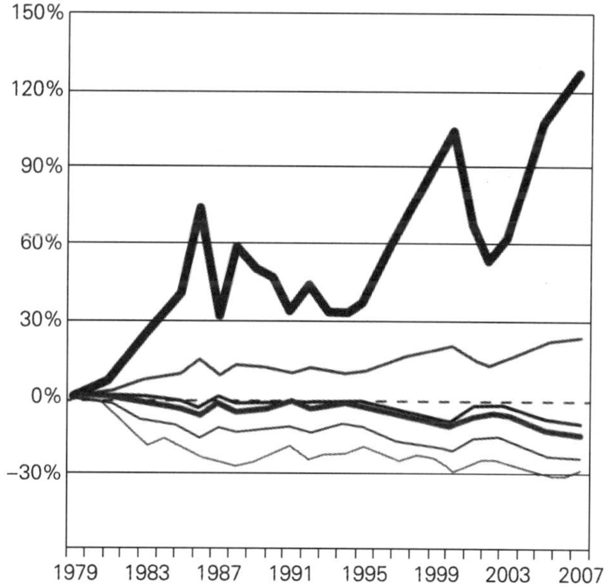

图 2b　1979 年以来，税后收入比例的变化

资料来源　Congressional Budget Office.

4.4 拿财富怎么办？

拿财富怎么办是一个古老的困境。对社会而言，难题在于如何在三种基本选择中做出正确的分配：财富可以由家庭保有，由政府收税，或者捐赠出去。许多社会鼓励这些选择的不同组合，美国也不例外。然而，基于本章随后和下一章将要讨论的原因，美国人在应该如何捐赠财富以及所捐赠的财富应该用于支持哪些类型的机构上做出了创新。这个创新始于早期的美国人比如彼得·凡内尔（Peter Faneuil）和本杰明·富兰克林，以及数个世纪以来的其他后继者像乔治·皮博迪（George Peabody）、利兰德·斯坦福（Leland Stanford）和比尔·盖茨（Bill Gates）。美国的传统一直都欢迎创业行为并且鼓励大量的财富创造，但是美国社会同时也倾向于避免建立一个统治阶级。换句话说，美国的制度是围绕为中产阶级创造机会，使其能够致富而建立的，并且同时确保财富能够在家庭以外被循环利用。

在以阶级为基础的社会，“财富”不是一个问题；阶级制度决定了富人的存在。在欧洲现代历史的大部分时期中，富人之所以有钱是因为他们来自于贵族家庭，而他们之所以是贵族是因为他们有钱。相反，在一个创业型的社会中，人们之所以有钱是因为他们勤奋工作并且能够抓住机会。他们的孩子可能也有钱，但是如果激励和价值体系是处于一种良性平衡状态，那么市场经济就会创造出更多的像斯坦福大学一样的伟大机构以及更少的悠闲、自我放纵的继承人。正如亿万富翁，金西金融公司（Golden West Financial）前联合首席执行官赫伯特（Herbert）和马里恩·商德勒（Marion Sandler）所说：“一个人能够获得和使用多少住房、汽车、飞机和其他奢侈品呢？”

4.5 公益捐赠，一项美国人的发明

公益捐赠通过两种基本的功能为美国解决财富问题提供了帮助。它将集中于社会顶层的财富释放出来，并同时建立起为未来的美国人提供机会的机构。公益家往往也是企业家，因此，他们更加看重能够提升和促进创业行为的机构，也就是能够激励勤奋、雄心和创新的机构，如现代的美国大学。

在美国，那些创造财富的人比继承财富的人更有可能成为公益家。2006 年一项由印第安纳大学的公益研究中心所做的对高收入家庭的调查显示，其财富至少一半以上是通过创业赚得的企业家对于金钱最为慷慨，他们的捐赠金额是那些通过继承获取财富的人的两倍。托马斯·泰利在《公益》杂志上写道："企业是我们社会财富的发动机……并不奇怪，由商人转型的公益家常常希望采用同样的分析思路来对待他们的财富捐赠。"

发明美国式公益捐赠的功劳应该归于有影响力的成功的投资家乔治·皮博迪，一位出生于 1795 年的马萨诸塞州清教徒的后裔。尽管他在巴尔的摩金融业发展中扮演了重要的角色，但皮博迪的最长久影响体现在由皮博迪教育基金的受托人所创立的各种先例和政策。这个基金创建了后来美国主要基金会的运作模式，包括洛克菲勒的教育基金会、拉塞尔·赛奇基金会、卡耐基基金会。皮博迪的传记作者富兰克林·帕克认为："乔治·皮博迪实际上是为公共目的所建立的捐赠基金会体系的创始人，其发展在美国已经达到了顶峰。有趣的是，乔治·皮博迪树立的模式在很多方面都被美国有眼光的富人所效仿。从某种意义上讲，皮博迪基金会不是皮博迪唯一的纪念碑，因为他所建立的模式被许多其他的美国人相继模仿。"实际上，公益捐赠的许多方面是与市场经济机制密切相关的，包括那些创建

公益机构的财富，以及公益捐赠者的价值观和他们开创的动员捐赠的方法，比如基金会。

许多的公益捐赠者甚至将商业语言用于他们的捐赠。今天，伊莲和艾德思·布罗德称他们的捐赠方法为“风险公益捐赠”。这些公益捐赠者已经从让他们成为亿万富翁的事业中退休，转而致力于全职的捐赠活动。他们写道：“我们将我们的捐赠看做是投资，并且我们期望得到回报——教育改革能带来学生成绩的提高，科学和医疗研究能找到治疗疾病的方法。”

同样的，eBay 公司的联合创始人杰夫·斯科尔，投资于社会创业(一种由伊莲和艾德思·布罗德推行的公益创投形式)，寻求以创新的方式来解决社会问题，这和 KaBOOM 非常相似（我们在第 2 章中进行过讨论)。斯科尔成长于加拿大的一个中产阶级家庭。他早年的梦想是成为一名通过写小说来改变世界的作家，然而后来他进入了商学院学习，并且成为 eBay 的第一任总裁。当公司上市的时候，他成为了一名亿万富翁。他做的第一件事情就是创建斯科尔基金会，这个基金会已经成为支持社会创业的领先组织。

eBay 的另外一个联合创始人皮埃尔·奥米德也在做类似的事情。他和他的妻子潘写道：“我们投资于为被忽视的人群提供急需的商品和服务的盈利性企业。我们联合志同道合的投资者和倡导者结成联盟，支持那些能够从联合的声音中受益的事情。”奥米德夫妇实际上是在运用他们通过创业获得的财富来促进更多的企业发展，不过他们重点服务那些由于某种原因被市场忽视的人们。布罗德夫妇、杰夫·斯科尔和奥米德夫妇都承诺将他们一半以上的财富捐赠给这样的公益创投。

我在本章的开篇讨论了财富以及财富分配的巨大差异是如何导致了精英们拥有不成比例的权力并以此影响社会的。从某种程度上讲，公益捐赠似乎并不能够解决这个问题：即便是捐赠的金钱被投资于那些能为人们创造机会的企业，控制钱包的权力仍然在富人的手中。而且当社会缺乏巨大的需求，或者公益捐赠者想要做的事情和正在兴起的改革运动的目标是一致的时候，公益捐赠者要采取行动就非常困难。

在19世纪后期，安德鲁·卡耐基致力于用他的财富来支持能够导致“学习型社会”发展的机构。他最喜欢的两个领域是大学和图书馆，但是地方的民主力量有时候却希望将钱花在其他地方。在宾夕法尼亚州的东部，他的钢铁企业蓬勃发展的地区，卡耐基提出可以为任何一个愿意支付10％开支的城镇建立一所图书馆。最后，46个城镇中有20个城镇投票反对这项提议。这也许是因为在这些地区的民主力量中占主导地位的工会看不到建立图书馆的好处，或者是因为它们对卡耐基管理企业的方式非常不满。历史上，一些由公益捐赠者支持建立的重大项目被认为是反民主的，在当地遭到民众运动的反对，就像今天的特许学校有时遭到反对。从这个意义上讲，公益捐赠看起来是专断的，被高高在上的成功企业家木偶拉线似地操纵着。

以具有传奇色彩的华尔街的袭击者卡尔·伊坎为例，他将自己的方法描述为购买因为管理不善而被价值低估的公司，然后通过更好的管理来增加股东价值。他在捐赠承诺声明中将贫困环境中的孩子称为“被低估的资产”。他继续描述他的基金会是如何投资于这些贫困孩子们的职业教育的，因为他相信“在这个国家我们教育年轻学生的方法如果不出现重大的转变，(美国) 将很快失去它的霸权”。公益捐赠呼唤那些能够摆脱现实的束缚，尝试用新的方法来解决旧问题的创新者。

和我在第3章讨论过的创业型经济一样，公益捐赠活动是非管理型的。公益捐赠活动既不是一系列政府项目也不会明显地受到约翰·肯尼斯·加布雷斯在描述20世纪中期的美国社会时提到的劳动力、企业和政府之间的某种“三角”关系的约束。然而，也正是由于这些原因，公益捐赠活动有时也受到人们的质疑。尽管有一些质疑是有道理的，但我们需要注意的是，虽然公益捐赠活动是非管理型的，但也受到其他合作伙伴关系的束缚。公益捐赠举措不仅仅是由像卡尔·伊坎和约翰·洛克菲勒这样的行动者在实施。实际上，公益捐赠活动总是被创造财富的富人与学术界的进步精英、地方政府、司法和其他的专业机构之间的伙伴关系所制约。这些利益集团共同决定了如何将捐赠财富用于由私人提供资金的公共产品：教育、科学、公共健康和知识创造。

芝加哥大学提供了一个非常有趣的例子。在某种程度上，这所大学的创建是基于石油大亨约翰·洛克菲勒和19岁就获得耶鲁大学博士学位的神童威廉·雷利·哈佩尔之间的一种合作关系，哈佩尔的博士论文是对拉丁语、希腊语、梵文和哥特语的介词进行比较。除了才华横溢之外，哈佩尔还拥有一个精明的商业头脑。洛克菲勒聘请他担任芝加哥大学的校长以后，他就致力于将这所大学打造成为一所现代研究型大学。洛克菲勒和哈佩尔之间的关系是一位石油企业家与一位学术型企业家之间的合作伙伴关系，二者都致力于创办最顶尖的大学。在他去世前的40年中，洛克菲勒源源不断地将资金注入这所大学，而哈佩尔则不停地探索以创新的方法来管理这所大学并吸引一流学术人才。这使得芝加哥大学很快在许多新的领域和新的方向得到发展。公益捐赠活动与学术改革密切联系了起来。

随着改革者的目标不断发展，公益捐赠活动也在发生改变。作为社会变化的一种推动力量，一些公益捐赠非常关注妇女权利、同性恋权利、种族隔离等背后的社会问题。在种族隔离和民权等问题的推动下，这种形式的公益捐赠在20世纪后半期的美国变得盛行起来。社会改革的重点不是集中在个人的问题上，而是集中在更为广泛的社会问题上。尽管这种方法，尤其是约翰·霍普金斯的方法能够在19世纪的废奴运动中找到根源，但直到20世纪60年代及以后，它才成为许多基金会的主流模式。尽管公益捐赠模式的变迁主要是由社会问题推动的，但它是在那些通过建立基金会来实施社会改革和解决社会弊端的著名企业家的努力下才得到维持的。

4.6 慈善和公益

尽管富兰克林、吉拉德和皮博迪等人在美国公益捐赠形成的初期发挥了重要的作用，但安德鲁·卡耐基才是清晰表明慈善在社会中的地位的第一人，而且他有力地解释了这种捐赠金钱的新方法与以前方法的不同之处。卡耐基是一个依靠公共图书馆自学成才的人，并且在他的一生中都坚持不断学习。卡耐基勤于写作，他在其最有影响的文章《财富》一文中描述了他的慈善理论。卡耐基认为，有能力创造财富的人应该诚实地创造财富并且尽可能多地聚集财富，这样他们就可以将这些财富用于服务公共利益。他认为成为富人并不是一种自私的行为，而是一种高尚和有道德的行为。

尽管慈善和公益常常被混为一谈，但在本书中，强调二者的不同非常重要。慈善（charity）被描述为“慷慨和乐于助人，尤其是针对那些贫穷和受苦的人；给予那些危难中的人的帮助；从事帮助穷人的机构；给穷人提供的公共救助”。美国人传统观念中的公益不是慈善，而是一些个人或者机构的主动或者参与性的行动，其目的是帮助那些处于危难中的人实现自助。老子的名言能够帮助我们区分二者的不同：慈善是授人以鱼，养活他一天，而公益是授人以渔，帮助他能够自己养活自己一生。其他的区别则涉及更加细微的不同之处。

将公益捐赠与慈善捐赠相混淆更多的是源于未能区分公益性部门与更大的慈善性部门。尽管这两个部门相互关联，但它们的不同对于在任何有关公益捐赠的讨论中都是重要的。在 19 世纪，改革者就明白这个区别，当时人们对于贫民院和其他与慈善相关的机构的效用表现出越来越多的不满。

约翰·霍普金斯大学的第一任校长丹尼尔·科特·吉尔曼在其发表于

1907年的一篇文章《五种伟大的礼物》中解释了慈善和公益的不同。他认为慈善是给穷人提供暂时的帮助。相反，公益是给予所有人的帮助。公益是全国范围的，并且旨在寻找贫穷的根源。公益的重点不是通过捐赠来满足穷人或受困者的需要，而是通过创建和支持那些将为个人和民众的进步提供机会的机构来“最大化人的潜能”。社区组织、学校基金、市政项目以及像由本杰明·富兰克林创建的Junto俱乐部那样的公民俱乐部都体现了这一宗旨。公益行为的目的是“促进有益的公民进步以及寻找对社会问题的实际解决办法”。

卡耐基相信公益是市场经济机制下处置财富的唯一“恰当”的办法，因为它的职能是帮助维持社会秩序和为创业的努力提供方向。他相信，任何人只要具备良好的职业道德和掌握恰当的工具就能够获得成功——今天这仍然是美国梦的信念。卡耐基认识到，公益捐赠不是慈善或者帮助无助的人，而是一种为那些愿意自助的人提供支持的方法。实际上，卡耐基关于慈善的观点是非常极端的。他写道：“与其把金钱用于慈善，还不如将其扔到海里去。”

伊莲和艾迪斯·布罗德写道：“我们认为慈善和公益是两种不同的行为。多年来，我们一直从事慈善，这只需要为一些机构填写支票就可以了。”对布罗德夫妇而言，公益捐赠是为个人创造机会并使他们能够有所成就，与此同时也间接地挑战并提高了现有机构的有效性。

慈善起源于家长式统治的社会，在这样的社会中，富人的捐赠是用来表明他们对有需要的穷人的同情。慈善不是用来给予别人力量，而是用来维持他们的现状——不一定是维持贫穷状态，但也不是走向富裕的道路。

4.7 美国的基金会

哥伦比亚大学经济学家杰弗瑞·萨克斯（Jeffrey Sachs）提出我们可

以基于其过去的成就来判断公益性行为的性质。萨克斯认为现在创造机会就等于为下一代创造机会，而洛克菲勒基金会就是这方面的一个典范：

“作为公益基金会模仿的榜样，洛克菲勒基金会是20世纪最突出的发展机构，它显示了针对知识创造的捐助能够实现的成就。洛克菲勒基金的支持，消除了美国南部的钩虫病，有助于黄热病疫苗的推出，盘尼西林的开发，世界范围内的公共卫生学院的建立（是今天这些领域毫无争议的领先者），世界各地医疗机构的建设、创建。另外，洛克菲勒基金会还资助了卓越的研究中心，如芝加哥大学、布鲁金斯学会、洛克菲勒大学和国家经济研究部（NBER）。最后，洛克菲勒基金会还推动了巴西疟疾的控制，并在亚洲推动了绿色革命的研究中心的建立等等。”

那个时候没有其他国家的任何先例，美国基金会不得不从零开始，这就需要组织的、技术的和法律的创新。19世纪美国最伟大的公益捐赠者之一乔治·皮博迪的一个最为长久的贡献是创建基金会。皮博迪是一个出身卑微，通过精明的投资致富的人。他提出了由两个主要因素所主导的公益捐赠思想：对他从小长大的和为他提供赚钱机会的社区的深深热爱以及对财富管理工作的清教徒式的世俗观点。最简单地讲，他的愿望是能够对人类有所贡献。在他的一生中，皮博迪捐赠了超过1.3亿美元（2010年的美元价）给图书馆、科学研究、房屋建设、教育、探险、历史学会、医院、教堂和其他的慈善团体。

皮博迪对改善人类的成长环境很感兴趣。在1877年到1904年期间，他为巴尔的摩的皮博迪师范学院提供了3 645人次的皮博迪奖学金用于教师培训和选拔、支持、引导有才干、有抱负和有热情的学生进入大学，无论其收入情况或社会地位如何。他的基金在这个方面为后世开创了先例。我们可以在1831年他给他侄子的一封信中看到他对教育的重视：“在过去，除了最普通的教育，我被剥夺了获得任何其他更进一步教育的机会。我完全能估计这些教育的价值，因为我在事业和生活中常常因此而处于劣势并为此付出了无比的艰辛。如果当时能获得一个好的教育，我现在愿意为此支付二十倍的钱，但是我现在去学习已经太晚了，我能做的是为那些受我关照的年轻人创造当年我希望别人能为我提供的那种环境。”

通过公益捐赠促进个人提升的模式也能够追溯到得益于工厂的工作程序合理化的工业革命。在这个新模式之下，公益也发展出了一种管理成分，它不仅涉及捐赠，而且还涉及资源如何被利用以及如何产生价值。管理公益机构需要有技能的人，这些公益机构逐渐采用源于工业革命的科学管理方法。

在卡耐基看来，一个人在死后才遗赠金钱并不比慈善好多少。他指出如果一个人一直等到死后才分配他的金钱，就无法保证这些钱能够发挥好的作用。他认为，最有效的办法是利用捐赠者创造财富的能力将这些财富以最有益于社会的方式捐赠出去。卡耐基将财产税看做是对那些身前不把财富捐赠出去的有钱人的谴责。实际上，他认为死去的时候拥有大量的财富是可耻的。

为什么卡耐基如此坚信富人不应该在死后再捐赠他们的财富呢？这是因为卡耐基相信富人有义务明智和有效地管理他们的金钱，为公共利益提供长久的支持。他认为他们应该将积累财富的天赋用来管理财富。这个“管理”财富的概念，不只是简单地把财富交出去，这定义了美国基金会的运作方式。

以福特基金会为例，该基金会在 20 世纪 50 年代每年提供 5 000 万美元以上的捐赠。根据历史学家奥利佛·让兹的记述：“亨利（Henry）（福特）向基金会的受托人之一，麻省理工学院的校长卡尔·康普顿（Karl Compton）寻求建议，如何才能‘在美国寻到最好的办法’，使他能够‘最有效地和最明智地’将基金会不断扩大的资源用于‘人类的福利’。”1948 年，福特选中曾经在麻省理工学院和兰德公司工作过并且成就卓著的项目管理经理罗恩·盖瑟（Rowan Gaither），请他领导一个任务团队，研究基金会应该如何运作并制定相应的政策。为了让创新性的想法能够得以有效实施，盖瑟聘请了 11 位在公共政策和学术界有经验的人来主持这个基金会。这些人一些是盖瑟的朋友，一些来自领先的大学，包括物理学家和社会科学家。他们的目标是“为每一个人提供最佳的精神和政治上的自由、机会、责任感和幸福”。

基金会是美国人的发明。美国的公益捐赠者推动建立了相关的法律构架，从而使他们的基金会能够得到永久的保护。他们的目标是建立一个由专家管理的组织，能够在一系列原则的基础上运作，不用界定具体的计划。受托人和管理者建立指导方针、创设新的项目、自主地分配项目资金，所有的行动都围绕解读和服务于组织的愿景而进行。美国基金会内在机制的灵活性使得某个时期的公益捐赠能够被用于解决正在显露的下一个时期的问题。

尽管基金会在促进真正创新的工作上的潜力在 20 世纪变得越来越明显，但在 19 世纪，基金会没有明确目标的自由运作却遇到了一系列的挑战。从英国继承而来的普通法禁止设立由董事会代代相传进行管理的开放式信托基金。

一个修建纽约城市公共图书馆的有趣的例子可以很清楚地说明这一点。1884 年，萨缪尔·提尔登（Samuel Tilden）留下遗嘱，希望用他的财富来修建一个免费的公共图书馆。提尔登没有孩子，但是给他的侄子和侄女留下了巨额财产。然而，这些亲戚却挑战他留下的遗嘱，认为他修建图书馆的遗愿不够明确。旧的遗嘱法规定遗嘱需要有一定程度的明确性，也就是说受益的机构必须已经建立或者是某个明确的现存实体。因为在 1884 年，图书馆还不过是提尔登自己的一个想法，而非一个已经建立了的特定机构，所以提尔登的遗产继承人得以在法庭否决了他的遗嘱并且获取了他所有的遗产。然而，故事到这里还没有结束，纽约市公共图书馆确实是由提尔登信托机构的资金资助建立的。在法院做出有利于他的继承人的裁决以后，提尔登的长期法律伙伴安德鲁·格林（Andrew Green）设法推迟了提尔登遗产的分配。采用这个拖延战术作为谈判筹码，格林得以劝说其中的一个继承人归还部分财产。这样，提尔登信托被用来帮助建设图书馆。

在提尔登事件后，纽约州议会通过了《提尔登法案》，该法案认可了未明确定义受益者的遗嘱的有效性，但要求必须由一个受托人董事会负责管理受托资金。这样，提尔登事件和纽约州议会后来的努力为美国基金会的发展铺平了道路，也在美国建立了最为重要的图书馆之一，纽约市公共图书馆拥有可以和国会图书馆、哈佛大学图书馆、耶鲁大学图书馆相匹敌的藏书量。

《提尔登法案》在纽约州通过以后，其他州也步其后尘，通过了类似的法案，为公益捐赠的发展铺平了道路。这样，个人就可能将他们遗赠的财产用于“人类的福利”。在19世纪后期，大量的法律案例帮助形成了现代基金会的法律框架。这个框架从来没有专门的立法，它形成于无数的州和联邦的法庭判决，在这些案件里财产继承者们挑战他们父母的慈善捐赠意愿。

随后，成立基金会的想法就开始流行起来。在1915年，美国有27家基金会，到1930年已有200家。今天，基金会的数量已经达到数万个。在美国，基金会组织结构的灵活性催生了大量的基金会。如果你只看资助型基金会，资产在10亿美元以上的有60家，这还仅仅是私人基金会的数量，不包括像高盛或者通用汽车基金会那样的企业基金会。最大的私人基金会是盖茨基金会，拥有330亿美元的资产；其次是福特基金会，拥有大约110亿美元的资产。美国前100家最大的基金会的总资产能达到2 320亿美元。[33]这100家最大的基金会加上另外1 230家大型美国基金会，它们每年所提供的捐赠总额达到200亿美元左右，其中45亿美元用于与医疗健康相关的活动，还有大约同样的金额用于教育。

在1891年，老约翰·洛克菲勒雇用员工来帮助他管理公益事业。在美国国会拒绝给他的公益组织发放设立许可后，洛克菲勒成功地在纽约州获得特许，于1913年建立洛克菲勒基金会。在安德鲁·卡耐基、约翰·洛克菲勒和玛格丽特·奥利维亚·萨其（Margaret Olivia Sage）的推进下，这种新形式的公益捐赠意味着公益事业采用了一种类似于企业的组织结构来管理其相关活动。这个结构比源自英国法律的传统捐赠管理方式慈善信托更加具有灵活性，并且董事会负责运营管理，跟慈善信托中受托人的角色完全不同。

美国教育家弗里德里克·盖茨（Frederick T. Gates）（1853—1929），在 1891 年到 1923 年间担任小约翰·洛克菲勒的首席商业和公益顾问。通过聘请盖茨作为其公益活动的顾问，洛克菲勒传递了这样一种信息：公益活动需要有经验、有技能的技术专家来推动其发展，正如企业需要有能力的管理者一样。

4.8 公益和大学

令人印象深刻的是，19 世纪的企业家具有将他们的公益捐赠投入到后来成为世界一流的美国大学中的先见之明，这些大学将点燃 20 世纪后期的信息革命。比如，埃兹拉·康奈尔（Ezra Cornell）（他是电报的发明者塞缪尔·莫尔斯的合伙人，并因此而致富）捐赠了土地和大量财产用于建立一所赠地大学。康奈尔大学这所赠地大学后来成为致力于人文科学和学术研究的旧式大学与致力于应用研究和学习的现代大学的结合体。正如我们在第 2 章所讲到的，除了康奈尔大学，今天许多著名的大学都是在 19 世纪后期用企业家的钱建立起来的。

当许多这样的慈善家在考虑用他们的财富建立新的教育机构的时候，美国的高等教育在不同程度上还都是属于不同宗教教派的。看看哈佛大学和耶鲁大学的历史就知道了，更不用说英国的牛津大学和剑桥大学了。市场经济与大学的结合才刚刚开始。当大实业家和铁路企业家在缔造他们的帝国的时候，他们意识到要实现继续增长，他们将需要职业经理人和掌握最尖端技术知识的人来推动企业的发展。这样，他们对教育的愿景来自于他们对管理、技术和组织等方面的实际经验和需要。

推动学校向提供更多的应用型教育的方向发展的最早努力始于本杰明·富兰克林于1751年创建的费城学院（后来成为宾夕法尼亚大学）。托马斯·杰弗逊（Thomas Jefferson）的弗吉尼亚大学创办于1819年，该校暗示了给学生提供更实用的课程的可能性，包括科学和数学。在他的《伟大的美国大学》一书中，乔纳森·科尔写道："1749年，本杰明·富兰克林在一本名为《关于宾夕法尼亚州青年教育的建议》的小册子中勾勒了一个课程大纲。按照富兰克林的观点，学生应该被培养出来从事公共服务和商业活动，这跟哈佛大学和耶鲁大学设计的服务教会的目标完全不同。基于富兰克林对科学的兴趣和对有用知识的看重，宾夕法尼亚大学被设计成为培养能做实事的人而不是学者或者牧师。三年制的课程中大约三分之一是科学和应用性研究。"公益捐赠者倾向于建立传播中产阶级价值观的大学，这与当时的其他许多学校的目标不同，那些学校是在教会的主持下建立的。一个特别值得关注的案例是约翰·霍普金斯大学，在1876年建校的时候，它是当时的第一所现代研究型大学。霍普金斯大学的建立源于乔治·皮博迪（与建立第一个美国基金会的皮博迪是一个人）与当时的巴尔的摩商人、金融家约翰·霍普金斯的相会。皮博迪向霍普金斯解释他的公益理念是用"我积累的数百万美元来做对人类最有益的事情。"皮博迪的观点得到霍普金斯认同，为此，后者遗赠了700万美元（在那时是一笔巨额财富）用于建立约翰·霍普金斯大学、约翰·霍普金斯医院和其他几所相关的机构。

霍普金斯大学作为国家的研究型大学的历史几乎在它转变成为一所美国版的德国研究型大学的时候就开始了，这所学校比美国以往任何一所大学更重视研究和研究生教育。因此，霍普金斯大学是美国公益事业以创业的方式挑战美国教育制度的另一个例子。在它创建后的短短四年内，霍普金斯大学在校长丹尼尔·科特·基尔曼的领导下，研究生的人数就已经是哈佛大学研究生人数的两倍。更令人惊奇的是，霍普金斯大学的教师发表的研究论文的数量几乎是美国其他大学发表的论文总数的两倍[36]。在许多方面，像基尔曼这样的创新者引入了德国的研究型教育制度并将其改造以适应美国的大学模式。

今天，公益捐赠者已经给予和继续给予大学的投资将大学建设成为了创业的强大孵化器。尽管政府常常提供种子资金，但知识的创造和科学家与工程师的培养是由大学来实现的。大学只不过是美国近代历史的一部分。更广泛地讲，大学敞开了机会的大门。当美国西部边疆还没有被开发的时候，没有大学也能够非常容易地打开机会的大门。现在，大学则成为了机会更加不可分割的一部分——美国在社会经济发展中所进行的各种尝试总是能够保持机会的开放。

大学并非从来都是美国式自由市场经济发展的推动力。在 20 世纪之前，发明从某种意义上讲通常更加容易，因为它不需要正式培训——你需要的是做一名铁匠的学徒，而不是获得计算机科学的博士学位。但是，当比较容易的发明都完成后，创新就必须更加依赖知识密集型的突破，因此市场经济就必须依赖大学。

4.9　公益的演进

知识经济中少数最富裕的人的公益活动显示，尽管他们的公益行为是公益活动的三种传统的组合——着眼于个人、社会机构和制度的变化——但他们采用的策略都强调在个人和社会层面的创新、知识和创造。这些企业家设立的基金会的座右铭和使命宣言体现了这一点。

以埃里森医学基金会为例，该基金会以人为赞助对象，该基金从拉瑞·埃里森（Larry Ellison）的甲骨文公司获得资金，为生物医学研究方面的创新者提供资助。埃里森医学基金会的创立原则是“给人提供资助，而不是给人项目”。它寻找那些曾经完成过富有成效的工作的人以及拥有好的想法的人，给他们提供经费，让他们自己去研究，不予干预。

同样的，迈克与苏珊戴尔基金会开创了一种应对教育挑战的模式。他们先找到一种可行的解决方法，然后再致力于推广和扩大这种方法的运用。这个基金会写道：“一旦找到一种有效、实际的解决方法，（基金会）就会致力于促进这个方法的复制。在基金会所有的努力的后面，是我们对数据的看重，我们坚信一个持续测量和分析结果的组织就应该能够提供最有效和可扩展的解决方案。”

互联网和信息技术企业家拉瑞·埃里森和谢尔盖·布林则运用了另外一种创新的方法。早在2004年公司发展的初期阶段，他们就提出了将公司大量的资源捐赠给社会的承诺，包括谷歌公司1%的权益和利润以及员工的时间，将其用于解决全球面临的一些最紧要的问题。这个承诺最终促成了Google. org的成立。Google. org是Google股份公司的一部分，它致力于与“谷歌人”共同努力，从事能最大程度利用谷歌在技术和信息方面的力量的公益项目。谷歌公司也在2005年建立了谷歌基金会，这是一个独立的501（C）（3）私人基金会。谷歌基金会由Google. org管理，并且通过谷歌基金会的资助支持Google. org履行其宗旨和核心倡议。这样，这个运作模式就不仅仅局限于个人，而且能够通过公司进行。

尽管今天的美国有许多非常富裕的女性，但她们中仅有极少数是靠自己赚得财富的。纵观全美，有一个女性显得很特别。她1954年出生于密西西比州乡下一个又脏又穷的单亲家庭，并且有好几年是由外婆抚养，生活在一家养猪场。当然，我们故事中的这位女性就是奥普拉·温弗瑞(Oprah Winfrey)，在美国，知道奥普拉的人多过知道美国总统是谁的人。她是美国第一位非洲裔的亿万富翁，也是20世纪美国最富裕的非洲裔美国人。她同时扮演了传媒大亨、社会变革代言人和公益捐赠者的重要角色。

像卡耐基一样，奥普拉喜欢将赚到的钱用于公益事业。同样，她相信成功是打拼来的，并且她把钱捐献出去帮助那些为了成功而打拼的人。就像本章提到的所有其他人一样，奥普拉也坚定地认为人必须对自己的生活负责任并且应该努力帮助他人。她没有一个像盖茨和巴菲特那样长期的、系统的捐赠计划，她更多地关注教育和女性问题而不是更加深层的社会问题，比如种族不平等和社会不公正。

奥普拉有一种关于“潜能”的哲学理念。她相信每个人都是有潜能的，这种潜能可以通过教育和尝试开发出来，自我转变能够帮助他们发挥自己的潜能。在 2005 年，《商业周刊》提名她为美国历史上最伟大的黑人慈善家。截至 2005 年，她已将个人财富净值（1.75 亿美元）的 13％捐赠出去，并且从那以后，每年将自己年收入的 10％用于捐赠，包括她为芝加哥儿童的发展捐赠的 50 万美元。像皮博迪一样，奥普拉关注社区建设，并且像乔治·索罗斯一样，她发起的公益活动已经进入了国际领域。

有人可能会问，像奥普拉这样的个人是如何获得成功的——包括两个方面：教育的机会和创业的机会。尽管这个故事包括许多方面，但是有一点是突出的。密苏里州堪萨斯市的伊文·马瑞恩·卡夫曼基金会（Ewing Marion Kauffman Foundation），在我们今天的社会中推进了这个目标。我幸运地成为卡夫曼基金会的高级研究员，并且亲自见证了一个基金会所能带来的改变。卡夫曼基金会将创业作为使命：“通过提升教育的成就和促进创业的成功来帮助个人实现经济独立。”企业家、民间领袖、公益活动家伊文·马瑞恩·卡夫曼（Ewing Marion Kauffman）的故事是一个普通人的，也是伟大美国人的故事。

考夫曼基于他在商业活动中的机会感和信念建立了基金会。他希望他的基金会能够是创新的——深入挖掘出问题的根源，从而从根本上改变人的生活——并且能够帮助年轻人，尤其是那些来自弱势家庭背景的年轻人，接受高质量的教育，使他们能够发挥自己的潜能。他认为创办企业是实现个人梦想和刺激经济的最有效的办法之一。

4.10 结论

市场经济是成功的，因为它创造了财富，并且通过寻求个人收益最大化的投资创造了经济机会。这是自由市场的福音，但是美国式自由市场经济的高度创新和强烈的企业家精神也造成了极大的收入不平等。就其本身而言，收入不平等不过是激发勤奋和创新制度的自然结果——勤劳和创造性等特质在人口中并不是均匀分布的。然而，极端的收入不平等会产生许多不利于社会稳定的因素，尤其是财富的集中会导致其他人失去经济机会。

本章从里兰德·斯坦福开始，因为他和他同时代的人促进了美国经济中创造性破坏的形成以及增加机会的机构之间关系的形成。这样，允许企业家积累财富的经济开放性也造就了社会机构，比如大学和基金会，这些机构反过来投资于并维持未来经济的增长。这就是美国式自由市场经济的发展动力——一种持续了几个世纪的财富创造、社会创新、机会创造和自我维持的循环。这样，美国式自由市场经济的成功——美国人用来判断自己社会的标准——一定不能依赖促进增长的、暂时的能力，而是要依靠创造机会的可持续的能力。

这种市场经济机制能够维持吗？新镀金时代的压力如何维持或者改变这个机制？尽管公益捐赠非常诱人——它具有在成功的创业型社会中循环利用财富的潜能——公益捐赠作为一种制度如何维持下去呢？在最基本的层面上，袖手旁观并且假设美国的亿万富翁会被卡耐基的《财富福音》或是捐赠承诺的信件所感动是非常幼稚的。下一章将追溯公益捐赠的历史并且描述公益捐赠是如何成为美国创业试验不可分割的一部分。

第 5 章　慈善和公益

授人以鱼，不如授人以渔，授人以鱼只救一时之急，授人以渔则解一生之需。

——中国古语

5.1　我们为什么要捐赠

让我们花几分钟时间来问一个非常简单的问题：为什么亿万富翁们要捐赠他们的金钱？为了理解公益活动为什么是一个循环利用财富和创造机会的可行制度，我们需要探索一下维持公益捐赠的动力和公益捐赠繁荣与波动的条件。

总的来说，美国人是比较愿意慷慨解囊的。在过去几十年，每年大约有 3 500 亿美元被捐赠出来，占 GDP 总量的 2%～3%。作为参照，这个金额大约等于美国每年在研发上的总支出。自有可靠数据记载以来，这个金额已经上升了 1 个百分点。今天的美国，大约平均一个人就捐赠了

1 000美元。从全球来看，第二个最慷慨的国家是英国，每年大约有占GDP总量1.5%的钱被捐赠出去。要区分这些捐赠哪些是属于公益哪些是属于慈善是不容易的。

为什么拥有很强的个人主义和独立传统的美国会如此慷慨？正如在本章我们将要讨论到的，这种慷慨可以追溯到最早期的美国人并且根植于他们不断演进的文化和宗教传统。从某些程度上看，资产阶级的价值观为公益行为提供了支撑，使其得以延续，这种资产阶级价值观导致了财富的巨额积累并影响到个人关于财富如何支出的决定。

公益捐赠曾被纳入了美国式自由市场经济的基本结构中。正如《新教伦理与资本主义精神》一书的作者马克斯·韦伯（Max Weber）所指出的："一个人本性上并不希望挣得越来越多的钱，而只是希望能够过一种习惯的生活并且挣得为了实现这个目标所需要的钱。"

在西方社会中，政府对公益活动并没有进行管理，至少没有进行明显的管理。因此，个人的实际捐赠情况有相当大的不同。沃伦·巴菲特、比尔·盖茨和拉瑞·埃里森这三位《福布斯》排行榜上最富裕的美国人全部同意至少捐赠他们财富的95%。相反，已故的沃尔玛创始人山姆·沃顿的财产继承者拥有总计约800亿美元的财富和一个20亿美元资产的家族公益基金会。尽管这20亿美元是一笔不小的数额，并且被用来建立特许学校和支持密苏里大学的活动，但它不过是整个家族所有财富中的一小部分。

山姆·沃顿通过一种被称为家庭有限合伙的手段将他的大部分财富转移给了他的家庭成员，从而规避了大部分遗产税。沃顿于1953年建立了这种家庭有限合伙——沃顿公司——此时他还没有发财，这使得他随后能够将沃尔玛的股份转给他的孩子们。这样，当1992年山姆·沃顿去世的时候，他只拥有公司10%的股份，因为他已经把其余股份转移给了自己的妻子和孩子。沃顿的继承人没有从事过什么引人注目的公益活动，像他们这样的富豪还不少，美国只有大约20%的亿万富翁签署了捐赠承诺。

许多没有签署捐赠承诺的人也曾为公益事业做出过贡献，只是他们没有像捐赠承诺所要求的那样，捐献自己一半以上的财富。

预言某个人是否会成为公益捐赠者的一个指标是这个人的财富是否是自己赚取的，自己赚钱的过程更有可能让人体会到机会的脆弱性以及让人产生为他人提供机会的愿望。一般来说，与继承财富的那些人相比，白手起家的企业家要慷慨得多。实际上，沃顿家族基金会的 20 亿美元大部分是来自于山姆·沃顿本人，而不是来自他的孩子们。在全球那些捐赠金额超过 10 亿美元的人中，十九个人中仅有一个人的财富是通过继承获取的。企业家的财富创造和捐赠之间的联系是使美国的慈善捐赠具有很强的可持续性的重要基础。市场经济机制在不停地向社会注入新的财富，确保那些有钱人拥有企业家的价值观。我们可以将这个制度与另一种制度相比较，在后一种制度中，有钱人的所有财富都是继承而来的，因此他们对机会的价值几乎没有什么个人体会。

然而，那些贵族精英有着与中产阶级非常不同的价值观。以罗纳德·兰黛为例，他母亲雅诗兰黛依靠企业家的天赋创造了巨额财富并将这笔财富遗留给他。雅诗兰黛是东欧移民，靠销售家庭美容霜起家并且最后成为一家市值百亿美元、产品在全世界 130 个国家销售的企业的董事长。1960 年，她创立了兰黛基金会，并且和她的丈夫一起创建了宾夕法尼亚大学约瑟夫·兰黛管理与国际研究所。雅诗兰黛夫妇的遗产规划包括像沃顿家族那样利用家庭信托将大约 40 亿美元的财产转移给他们的继承人，这需要缴纳大约 16%的税收，大概仅是最高遗产税率的 1/3。正如《纽约时报》写道：“作为一个极其富有的时尚偶像的儿子，兰黛先生从很小的时候就被培养出了贵族品位并具有远大的志向。当他还是一个孩子的时候就去维也纳消夏，并对奥地利艺术和中世纪的盔甲产生了兴趣。”今天，兰黛已经收藏了价值超过 10 亿美元的艺术品。他也拥有一个公益基金会，这个基金会提供了数百万美元的资金帮助重建东欧的犹太族群。然而，他的基金会也被用来为他的艺术品收藏提供避税渠道，主要是通过将其艺术品租借给博物馆来达到这个目的。

5.2 捐赠承诺

当他的母亲说服他致力于公益活动的时候，比尔·盖茨是世界上最富有的人。盖茨和他的妻子建立了比尔和梅琳达·盖茨基金会，这是美国最大的慈善基金会，他们为该基金会捐赠了220亿美元。以可比的美元价值来计算，他们的基金会规模是卡耐基基金会和洛克菲勒基金会的4倍。盖茨基金会进行了大量的公益捐赠，包括用于防治发展中国家儿童疾病的1亿美元以及用于给图书馆购买计算机的2亿美元。每年捐赠10亿美元的盖茨基金会的重点主要包括美国和发展中国家的教育和健康问题。沃伦·巴菲特将他的财富放入盖茨基金会，帮助这个基金会以320亿美元的规模成为世界上最大的公益基金会。

“捐赠承诺”是由比尔·盖茨和沃伦·巴菲特想出来的主意，目的在于说服亿万富翁们将其所有财富的一半用于捐赠。2010年夏季，40名亿万富翁签署了该承诺。到2012年中期，签署承诺的亿万富翁增加到81名。[5] 所有签署捐赠承诺的亿万富翁几乎都是白手起家的，除了巴伦·希尔顿（Barron Hilton）和大卫·洛克菲勒（David Rockefeller），还有79位企业家型的公益活动家与2位继承型公益活动家。这是来自许多亿万富翁的一个巨大的承诺，在美国400位亿万富翁中，大约有五分之一的人签署了捐赠承诺，同时，许多人虽然没有签署该承诺，但是个人已经捐赠了数十亿美元。

为什么个人要捐赠呢？卡耐基在他的《财富的福音》一书中写道，他捐赠他的钱是因为一个有钱人应该“树立这样一个榜样：谦虚的、朴素的生活，避免显摆或贵气，适当满足那些依靠他的人的合理需求，并且在这样做了以后，把所有自己额外的收入作为信托基金……这样一个富人就成为了他那些穷人兄弟们的受托人和管理者”[6]。签署捐赠承诺的富豪所交附的信件代表了 21 世纪财富的福音，为我们分析美国公益活动的成就和动机提供了少有的机会。为了理解为什么公益捐赠的传统在美国如此强大，我们有必要研究这些信件所反映的一些态度。

捐赠所有财富的动机反映了资产阶级或者中产阶级的价值观，中间有三个鲜明的主题：希望使下一代的生活能有所不同；认识到幸运和社区在获取财富中起到重要的作用，因此想要给予回报；认为巨大的财富不应该留给家庭。

捐赠承诺活动的签署者没有一人在其信件中像卡耐基在《财富的福音》中那样直接将社会秩序的提升作为捐赠原因。今天的公益捐赠者常常会说“回馈”帮助他们实现成功的社会是他们的义务。为什么富人会在乎机会呢？那些从平民奋斗成为富翁的人这么在乎机会，是因为他们的价值观。以约翰·阿诺德和劳拉·阿诺德为例，他们通过安然公司（Enron）交易天然气获得了巨额财富，他们写道，“面对巨额财富，我们心怀谦卑，同时觉得有些难以置信，从来没有想到我们能够这么有钱。我们的背景与其他美国人是一样的，我们都拥有强调价值、工作伦理和社会责任感的中产阶级教养”。中产阶级背景的人希望能够帮助别人，因为他们也是这样成长起来的。

那些大多数参与捐赠承诺活动的人已经通过基金会的模式来管理他们的财富了。这不是一个新的想法，卡耐基最早提出这个想法，认为富人不应该仅仅是简单地将捐赠的钱转给教堂或某个机构（它们可能没有能力明智地管理这些金钱），而是应该由捐赠者或者捐赠者的基金会来认真地管理，以确保这些金钱能够产生价值。以约翰·洛克菲勒三世为例，他全职投身于管理洛克菲勒基金会。

今天，对捐赠的财富进行主动管理是公益捐赠活动的一个重要特点。沃伦·巴菲特喜欢这样说：“赚钱远远比有效地捐赠容易得多。”eBay 公司的联合创始人皮埃尔·奥米迪亚和他的妻子认为，“我们不只是签写支票，我们与我们支持的公益组织深入接触”。他们的大部分时间都致力于公益活动。

同样的，捐赠承诺的参与者，成长于中产阶级家庭的伊莲和艾迪斯·布罗德写道，“大约十年前，我们决定全力投身于公益活动。我们问自己，当前美国面临的最大问题是什么？我们都毕业于公立学校，并且认为教育为我们的成功打下了基础。但是我们对美国 K－12 公共教育制度的现状感到吃惊，希望通过我们的努力来帮助它重现辉煌。我们确信中产阶级的未来、我们的生活标准、我们的经济和我们的民主制度依赖于公立学校的力量。我们还有很长的路要走”。

许多捐赠承诺的签署者借此表明他们不想将金钱用于建立一个家族王朝。一起创建储蓄和贷款控股公司金色西部金融集团（Golden West Financial）的赫伯特和马里恩·桑德勒打造出了一个企业王国。金色西部金融集团曾是美国最大的储蓄机构之一，拥有大约 1 250 亿美元的资产和 600 亿美元的存款，在 2006 年被瓦乔维亚银行收购之前，员工人数达到了 12 000 人[10]。然而，桑德勒夫妇强烈反对将他们积累的巨额财富保留给家族。他们在捐赠承诺中写道，“当你认真考虑此事时，你会发现没有比捐赠更好的办法。财富的世代相传可能造成无可挽回的伤害”。

当中产阶级处于发展初期的时候，经济流动性是他们关注的中心，即利用技能或者想法来挣钱和改善自己生活的机会。在过去阶层固化的社会中，不存在流动的阶级。阶层流动的价值观是由像捐赠承诺的签署者这样的企业家提出来的，他们摒弃了世代相传的家族王朝和阶级社会的想法。他们相信机会平等：为下一代提供继续冒险的机会。他们也经常认为将金钱留给孩子们不是一个好主意，实际上，是个坏主意，并且与美国人的价值观不一致。照顾家庭是重要的，但是太多的照顾就会适得其反。H. F.（格里）蓝菲斯特通过出版、通信和光缆电视赚得了大笔财富，随后将其业务出售给 Comcast。蓝菲斯特解释，他和他的妻子为什么不想将财富留给他们的后代：“我们认为，将财富留给年轻的、尚未出生的孩子会减少或者消除他们人生中将要面对的挑战，而这些挑战对他们形成健全的人格非常重要。”

哈罗德·哈姆（Harold Hamm）是俄克拉何马州一位拥有 110 亿美元净资产的石油富豪，在 2012 年《福布斯》美国富豪排行榜上名列第 30 位。他很好地总结道：“我们生活在一个令人惊叹的国家——由于我们的自由市场经济机制和自由企业制度，我能够依靠自己的努力走出贫困。这个过程是从我读高中时真正开始的，当时我发现自己对石油和天然气行业很感兴趣。我在这个行业的成功让我有机会来帮助别人发现并且追求他们人生中的热情。”一个人如何帮助别人做到这一点呢？从哈姆所讲的话中，我们能够看到机会最为本质的方面：“我的捐赠承诺将会大大鼓舞我的妻子苏·安和我去保持生活热情：改善美国人民和全世界人民的医疗健康条件和教育机会。我们重点帮助那些因为贫困而影响其医疗健康和教育机会的人。”

一些捐赠承诺的签署者甚至认为是幸运推动他们从普通人变成超级富豪。俄克拉何马州塔尔莎的约翰·凯塞写道，“我的财富主要归功于偶然的运气，而非卓越的个人特质或者进取心。我有幸出生在一个先进的社会，有非常关爱我的父母。这样，我既拥有基因的优势（出生影响命运），也具有成长的优势”。凯塞接着指出了更加重要的东西：“美国的‘社会契约’就是机会平等。”在美国，机会平等的确可能是所有价值观中最重要的方面，因为这允许这个国家能够利用它所拥有而其他社会未能拥有的经济机会来为自由市场所固有的不平等进行辩护并使其得以维持。

捐赠承诺将如何改变美国和世界的未来呢？尚有巨额的财富未被捐赠，数以百计的富豪没有在捐赠承诺上签字，也没有建立基金会来帮助改变这个世界。例如，2011 年 10 月 5 日去世的苹果公司创始人斯蒂夫·乔布斯，他是这个星球上最令人爱戴的人。乔布斯是一个梦想家、发明家和天才，他也是世界上最富裕的人之一，但是他没有参加捐赠承诺活动，也没有任何公益活动的公开记录。

5.3 美国慷慨的根源

对于公益活动的现代阐释最早出现在安德鲁·卡耐基的《财富》一文里面，但是美国人公益捐赠活动的历史还可以追溯到更远，并且植根于强调自立和社区的美国文化和宗教传统中。他们在新世界拥抱市场经济机制，拒绝旧世界的贵族和阶级结构。正如托克维尔写道，“世界上，没有其他任何国家比美国人更热爱财产，或者更在意财产，同时没有其他地方像美国那样，大多数人都倾向于不遵守任何对财产的拥有造成威胁的教条”。这些共同的信念是如何协调起来的呢？同样的悖论也反映在全力拼搏的美国式自由市场经济机制与富裕的美国人高水平的公益捐赠活动的结合之中。美国人能够同时致力于私有财产和社区活动看起来似乎是一种悖论。

历史学家大卫·费雪在其美国文化史的研究中认为，美国人对待财富和社会阶级的态度植根于英国的“民众传统”——一个社会传承的价值和文化。首先来看看 17 世纪和 18 世纪从东英格兰大量移民到马萨诸塞州的清教徒，以及从英格兰的米德兰北部和威尔士大量移民到德拉华山谷的贵格会教友。这些新大陆的定居者对待财富的态度并没有因循英国社会阶级分化的传统，而是在财富和遗产的问题上更多地受到平等主义思想的影响。费雪认为这些由 17 世纪的清教徒和贵格会教友等早期定居者所带来的，又在 19 世纪早期得以强化的特点或者“传统”成为“当今美国志愿社会最有力的决定因素”。

这些清教徒的原则也影响到土地和资源的分配方式。在 17 世纪的整个马萨诸塞州，土地所有权的划分没有出现巨大的差异。那里也很少有土地佃户，在一些城镇里甚至根本就没有佃户。例如，在康涅狄格州的沃林福特，土地是这样分配的：“每个‘高等级别’的人得到 400 公顷土地；

每个‘中等级别’的人得到 300 英亩的土地；每个‘低等级别’的人得到 200 英亩的土地。”值得注意的是，许多低等级别的人此前在英国都是一无所有的穷人。当然，在新英格兰，土地的分配方式在城市与城市之间是不尽相同的，一个城市的宗教原则越“极端”，这个城市的土地分配就越平均。总的来说，英格兰“大量无地的无产阶级”在新英格兰的城市和农村是不存在的。

在继承方面，在没有遗嘱的情况下，法律倾向于将财产在所有孩子们中平均分配，而不是像英国传统的那样将所有财产判给长子。男性继承人会得到土地，女性则会得到家庭的可动财产，比如家具和银器。对遗嘱的研究显示，这种做法在实际生活中使用之频繁令人吃惊：拥有多个孩子的家庭会将遗产在他们的孩子中进行平均分配。另外一项对 1630 年到 1750 年间马萨诸塞州各城镇的研究发现，10%最富裕的人拥有 20%～30%需要纳税的土地。英国贵族阶级制度在新英格兰殖民地基本上被废除了。1765 年一个富裕的外国人从旧世界来访，尽管他非常不赞成新大陆的做法，但他很好地表达了他所观察到的现象，“这里处处可见平等的原则，人们将此作为首要的原则加以推行。每个人都有财产并且每个人都知道这一点”。

在德拉华山谷的贵格会教友殖民地也建立了一个同样背离了旧阶级制度的体制。威廉·佩恩在分配财产时尽量避免造成财富的巨大不平等。贵格会在宾夕法尼亚州创立了平等的土地所有制，在那里，从最早有定居者一直到 18 世纪，不平等的程度非常低。贵格会的遗产继承传统则是在所有孩子们中平均分配财产。

殖民时期美国人也会对有需要的人给予捐助，主要的方式是直接帮助有需要的人，或者把钱捐给负责施舍和提供帮助的慈善机构。那个时候的捐赠行为主要是属于慈善性质的，不过也有一些人利用他们的财富来帮助建设公共基础设施和建立一些机构以解决社会问题。在 18 世纪的新英格兰，除了慈善事业，为了进行公益活动而进行的机构建设也已经开始。为了构建社会资本——换句话讲，宗教、教育、科学、文化礼仪和法治——社会的中间力量需要得到支持。给中产阶级提供机会是一个新的想法，那时候支持这个想法的机构还不存在。

在 1742 年，彼得·法尼尔（Peter Faneuil）出资修建了波士顿的公共市场和会议厅——法尼尔厅，后来以“自由的摇篮”而著称，因为它成为策划革命行动并最终领导美国独立战争的活动者开会的地点。彼得·法尼尔出生于 1700 年，是一名从事鱼、农产品和朗姆酒贸易的富商。他是一个很仔细的会计，使用创新的方法与其他投资者分担风险。40 岁的时候，他已经成为殖民地最富裕的人之一，居住在波士顿的毕肯山富豪区的一个豪宅里。法尼尔在 1743 年死于水肿时还比较年轻，但是他的慷慨为他赢得了威望。他的悼词中提到，“他给饥饿的人提供食物，给衣衫褴褛的人提供衣服，给失去父亲的人和处于困境之中的寡妇提供安慰”。一份讣告写道他是“一位绅士，拥有巨额的财富和一个最慷慨的灵魂”，并且赞扬他“给他的城市提供的高贵的捐赠，以及为大量的手艺人、工匠和劳动者提供稳定的就业，对他们而言，他是一位慷慨的老板”。

法尼尔去世后不久，美国的开国元勋们决定围绕一个国家的信念来建设这个国家，而不是围绕一个国家的历史，从而进一步将国家的未来和美国的价值认同捆绑起来。美国的开国元勋们将美国存在的理由定义为：“我们的命运不是有没有意识形态，美国本身就是意识形态的化身。”根据一位长期信奉美国例外主义的政治社会学家西摩·马丁·李普赛特（Seymour Martin Lipset）的观点，“美国信念”能够用五个词来描述：自由、平等主义、个人主义、民粹主义和自由放任的政府。像美国这样，根据一个共同的思想意识，而非族群和国家历史来确立一个国家的信念是独一无二的。当然，国家的历史已经成为应对分裂主义和民族主义的集合体。在新的美国，阶级结构和层次已经没有在受各种规则约束的旧贵族社会中那么重要了。

5.4 南方的传统：奴隶和贵族

尽管从前面部分的讨论中我们想得出整个美国的试验是一个拒绝英国的世袭阶级制度的结论，但南方是这个大趋势下的一个主要例外。当然，美国的奴隶制度是与我们前面讨论过的大部分历史相反的，以大型种植农场为主的南方土地制度也是如此。的确，南方社会的以上两个方面与此前我们关于机会的任何讨论都没有关系。

美国的奴隶制度能够追溯到一个不同的起源，与北方大规模的清教徒和贵格会教友的定居有很大区别。正如费雪所指出的，美国的奴隶制度可以追溯到一个人，威廉·伯克利爵士，他将保皇主义者从英格兰带到弗吉尼亚，按照英格兰庄园的模式进行殖民。伯克利出生于一个从 11 世纪开始就已获得权势的显赫家庭，住在至今仍屹立在英格兰格洛斯特郡的雄伟的伯克利城堡。他在牛津大学皇后学院接受的教育，具有诗歌天赋，毕业后留在牛津大学墨顿学院任教，在 1639 年还出版了一本名为《迷失的女人》的书。

在英国内战的后期，大约是 1650 年，来自英格兰南部信奉不平等的保皇主义者带着他们对待财富和财产的贵族观念，开始加入前往新世界的移民队伍。因此，和北方殖民地的清教徒和贵格会教友的定居方式不同，从它在伯克利爵士统治下的形成时期一直到美国内战时期，都是由大庄园和一个执政的寡头所统治——是一个企业家社会的对立面。

许多保皇主义者的移民，或者“骑士们”大多是英格兰西南部的名门望族的第二个儿子，他们建立了后来被称为弗吉尼亚的第一家庭。历史学家用弗吉尼亚的“次子综合征”来描述这些不得不到其他地方寻找机会的、富裕却流离失所的人的移民模式。他们是富裕的，但由于不是长子，不能够继承自己家庭的巨大的庄园。他们大多数人在充满保皇主义氛围的牛津大学默顿学院和基督教会学院接受古典教育。

从 1642 年到 1675 年，一小群保皇党精英从英格兰南部移民到弗吉尼亚，将大量的契约佣工和罪犯带到种植经济作物的大种植园里工作。这些坚定的大主教派和圣公会的教徒禁止他们的仆人接受教育，同时也将奴隶制度带到了美国南方。

到了 1850 年内战爆发前夕，美国被分为三种经济体制：日益城市化和工业化的北部，以种植业经济为主的南方，以及具有相对平等的社会结构的中西部农业地区。这三种经济和社会组织的模式与这些地区的社会和文化历史密切相关。历史学家巴灵顿·穆尔（Barrington Moore）在描述内战以前的美国南方时，鲜明地指出："南方社会牢固地建立在基于世袭地位的人的价值观之上。"在许多方面，美国南方的发展道路是与"清教徒、美国革命和法国革命的继承人"的制度不相容的。的确，这在美国南方战败以后，那些要求彻底摧毁整个南方的社会结构的呼吁中清楚地表现出来。然而，这并不是为了满足废奴主义者或者改革者的目标，而是因为南方地区世袭的大型种植园制度与北方的工业资本主义的目标不相容。

当南方战败以后，一些共和党人谴责它是一个"领主和农奴或者说贵族和奴隶"的垂死世界中不合时宜的遗迹。甚至还有更激进的北方共和党人呼吁要通过分割种植园和重新分配土地来彻底重建南方的社会。共和党的政客撒迪厄斯·史蒂文森（Thaddeus Stevenson）作为企业家和劳工联盟的代言人，要求将每一个面积超过 200 英亩的种植园进行分割。

这些呼吁源自改革派和企业家的联盟，不是因为这部分共和党人特别看重平等，而是因为种植园制度与北方企业家的利益是相悖的，这些北方企业家看到了如果南方采用资本主义制度将会带来的经济机会。打破南方种植园制度和剥夺种植园主在地方经济和国家政治方面的权力能够给北方的企业家带来巨大的好处。

然而，经济组织的旧制度仍然在南方留存了下来，奴隶成为佃农。这样，就经济而言，这实际是模仿了资本主义在西方世界付出很多努力希望瓦解的旧的封建制度。

5.5 志愿者的社会

正如托克维尔在19世纪早期观察到的，“美国人喜欢用被正确理解的自利原则来解释他们生活中的每一个行为，自鸣得意地解释他们光明磊落的自爱是怎样使他们相互援助和为国家的利益而情愿牺牲自己的一部分时间和财富的”。志愿服务、协同和自立也与社区和利益共享的观念相互关联。

美国劳工阶级捐赠习惯的早期证据显示，捐赠金钱是许多美国人习惯中根深蒂固的一部分。1908年，美国劳工部针对平均收入水平的工人进行了一项调查。调查发现，平均而言，一个劳工1.5%的收入捐给了教堂或者其他慈善事业，1.8%的收入捐给了其他志愿者协会，另有0.4%的收入是以非正式的方式给予了朋友或者家人。这些数据跟美国劳工统计局统计的工薪阶层的预算非常接近。在20世纪早期，许多由工人阶级捐助支持的活动可能是地方性的，并且我们不清楚这些活动本质上是更倾向于慈善还是公益。不管怎样，捐赠和志愿服务的倾向是牢牢植根于不同阶级的美国人之中的。

美国的公益和志愿服务行为的平均水平是其他国家的两倍。今天，公益和志愿服务是与利他主义相关联的形式。根据罗伯特·普特南（Robert Putnam）的观点，志愿服务是公益的最重要的预测指标之一，反之亦然。受过大学教育的美国人成为志愿者的可能性是仅受过高中教育的美国人的两倍。然而，这与收入没有关系：按照收入的比例来看，美国的穷人和中产阶级的捐赠差不多，只是比富人略低一点。在美国，许多宗教信仰是鼓励志愿服务的。今天，美国的宗教传统也特别强大，尤其是跟同样发展水平的西欧国家相比较。

5.6 大众公益

托克维尔描述的社区组织在20世纪发展起来的大众捐赠中能够反映出来。在那段时期，随着大规模的公益活动将志愿者派到这个国家的每个城镇进行劝募，大众公益更加成为社会生活的一部分。在某种方面，这显示了美国的捐赠行为从以地方慈善为主导的方式向更加全国性的公益方式的转变。我记得当我还是少年时候的“10美分活动”（March of Dimes）。“10美分活动”是用一个有金属盖子和投币口的小型透明容器来收集硬币，每个容器能够装100个10美分，也就是10美元。我们会穿行在社区中向所有的邻居收集硬币。“10美分活动”与早期的公益和慈善活动不同，因为它是全国范围的并且非常有组织性。同时，这些捐赠更多的是用于支持科学研究以找到治疗小儿麻痹症的方法，而不是直接帮助因为小儿麻痹症而致残的人。的确，像公共健康倡导者和社会工作者那样的改革者为了推动大众公益，不仅需要美国最富裕的人的慷慨解囊，而且也不放弃从每天工作的工薪阶层那里得到捐赠。

大众公益在高等教育领域也表现得非常突出。在很大程度上，这始于当研究型大学参与到更大规模的文化运动中，从而一改它们呆板形象的时候。大众诉求的转变和大学在公众眼中重要性的提高使大学获得了越来越多的小额公益捐赠，它们构成了许多美国大学收到的令人吃惊的巨额捐赠的一部分。

比如我在前面介绍过的威廉·雷利·哈伯（William Rainey Harper），当洛克菲勒聘用他来管理新建的芝加哥大学的时候，洛克菲勒希望这所大学能够代表芝加哥，这个地区正很快从边疆变成人口密集的工业化城市，成为美国中西部的社会经济中心。哈伯采用了一种策略让芝加哥大学成为一个集合点。他利用1893年世界博览会的机会修建了大量极为出色的、具有艺术风格的校园建筑。洛克菲勒的标准石油公司在校园里竖起了一个石油钻塔，并且给世界博览会的游客提供明信片，使他们能够与家人和全世界的朋友分享芝加哥大学、这个城市以及标准石油公司的魅力。那次博览会纪念了哥伦布到达北美洲400周年，更为重要的是庆祝了美国向工业大国的转型。哈伯尽了最大的努力来确保芝加哥大学能够代表这种新兴力量。

哈伯也吸引了前耶鲁大学的全美橄榄球队运动员，当时非常有名的教练阿朗佐·斯塔格（Alonzo Stagg）离开耶鲁大学，前来指导芝加哥大学橄榄球队。大学橄榄球运动在那个时候就已经非常流行了，在斯塔格领导下，球队取得的辉煌成绩使其成为新闻媒体追逐的焦点。球队的成功将大学所在的这个城市和地区与这所大学紧密地联系起来。

哈伯让芝加哥大学成为一个有活力、扩张中的大都市的中心机构。在许多方面，他创造了现代美国研究型大学的样板——大学与其所在社区的社会和经济紧密地交织在一起。哈伯所创建的大学模式——在提供科学和商业影响的同时通过教育、体育、展览和社会参与等来促进公共利益——被证明是美国研究型大学的标志。

5.7 福利国家和公益的持久性

美国公益的一个显著特征是它在20世纪的持久发展，即使在政府已经具备强大的职能的时候仍然如此。紧随19世纪的企业家精神和公益活动之后的是20世纪早期和第一次世界大战期间的进步主义，这意味着政府在社会福利方面起到越来越大的作用。

政府在教育、健康和退休保障方面发挥了更重要的作用，尽管20世纪20年代是一个技术进步和经济繁荣的年代，潜在的经济问题最终导致了世界经济的崩溃和20世纪30年代的“大萧条”。在两次大战期间，尤其是第二次世界大战中的高税收和《反托拉斯法》改变了政府的角色和企业家的公益行为。

有趣的是，美国向福利国家的转变并没有带来公益捐赠的下降。实际上，从1929年到1959年，美国国内的私人公益捐赠总额占GDP的比例从1.7%上升至2.3%，在此期间的平均水平为2.1%。这个数字与1997年美国人的公益捐赠总额占GDP比例2.5%的差距并不太大。

那么为什么美国人会以一种稳定的水平持续不断地提供公益捐赠，即便是在联邦政府已经介入社会保障的情况下。根据《新闻周刊》“残酷的现实就摆在那里：这个无情的市场经济的中心，却同时也是一个给予之地。这并不是一个悖论。我们的经济制度和我们的公益捐赠传统都产生于同一个根源：美国的个人主义。其他国家可能会满足于让政府来管理大多数的学校，支付医疗费用，资助博物馆和乐队，甚至在某些情况下支持宗教派别。美国人则倾向于认为大多数这些机构应该由私人管理，并且他们愿意出钱来支付这些开支。”

我们的问题的答案看起来似乎是美国的例外主义——美国跟其他国家是不同的。

5.8 政治性公益

公益和慈善捐赠涉及非常广泛的领域。本书的重点主要在于机会创造的捐赠。到目前为止，我已经重点对美国的私立研究型大学、K－12教育和研究计划的设立与支持进行了分析。然而，我们不能就此天真地认为所有的公益捐赠都同样是用于机会创造的。公益捐赠是无法控制的，因此，捐赠款流向何处取决于那些有钱人所追随的潮流和文化。

从其诞生之时起，公益就已卷入政治和意识形态的斗争之中。当今美国大约有1 800个智库，其中许多是由希望影响公共政策的公益活动家资助的。例如，回到冷战时期，福特基金会和美国的其他基金会积极参与到与苏联进行的意识形态斗争中。

近年来，其他的公益活动家们也在用他们的金钱来支持美国的政治活动和主张。没有参加捐赠承诺活动的科齐兄弟（the Koch brothers）是靠制造业和能源发家的富豪。他们是否参与了美国的机会创造呢？许多人会认为科齐兄弟积极参与了恰恰相反的事情：利用他们的财富来支持那些剥夺美国民众机会的行为：反对工会的活动、有限政府以及由乔治梅森大学的梅科卡斯中心和其他机构组织的右翼活动。尽管从 2000 年开始，大卫·科齐已经给艺术和医药研究捐赠了 6 亿美元，但相对于其家庭所拥有的巨额财富，这不过是一笔很小的数额。

三个多世纪以来，美国的公益活动一直在致力于造就一个更好的社会。这个目标与那些开国者们的愿望是一致的，并且已经成为这个国家对这个愿景的承诺核心。巨大的财富已经被成功地用于实现这个目的。巨大的财富不应该用来促进个人或者阶级的利益。

5.9 为什么是公益?

一代又一代的经济学家在声称自利在激励人类行为方面所起到的重要作用时，都引用了现代经济学的创始人亚当·斯密的思想。然而，即便是斯密，也认为社会进步不仅仅是依靠自利。经济学家们大多都忽略了斯密的《道德情操论》一书，这是一部比《国富论》早大约二十年的著作，现在很少有学生阅读了。斯密在该书的开篇这样写道：“无论人们认为某人怎样自私，这个人的天赋中总是明显地存在着这样一些本性，这些本性使他关心别人的命运，把别人的幸福看成是自己的事情，即使他除了看到别人的幸福而感到高兴以外，一无所得。”

经济学家试图将利他主义解释为开明的自私，并引用斯密的《国富论》：“我们期望的晚餐并非来自屠夫、酿酒师和面包师的恩惠，而是来自他们对自身利益的关切。”

在某种程度上，经济学家可以声称斯密描述的行为是与当代经济学相一致的。当代经济学假定每个人是通过选择如何花费自己的收入来获得快乐的，“理性”的消费者会合理分配自己的金钱，从而使自己能够从每一分钱中得到相同的满足。正如伟大的经济学家肯尼思·博尔丁所描述的，“自由没有道德是不能实现的，而道德没有信念也是不能存在的”，这是美国例外主义的一个根本特点。从亚当·斯密的时代起，经济学家们就已经认识到自利在财富创造中的力量。

诺贝尔经济学奖得主赫伯特·西蒙对博尔丁的观点回应道，“经济学假设人追求幸福的最大化，但没有说什么是幸福。仅有这个假设，我们无法区分利他主义和自私”。西蒙提出，利他主义可以定义为“舒适性的牺牲”，意思是我们为别人的生存而舍弃某种东西。这样，我们就有可能通过观察某个百万美元捐赠的影响效果来决定哪些选择是自私的，哪些选择是利他的。谁会从中受益？多少人能够受益？经济学理论将经济收益看做是人类行为的主要动机，但是以实证研究为基础的理论会对其他动机赋予相当的权重，包括利他主义以及与利他主义相关的组织认同。

当经济学家面对公益行为的时候，他们通常会寻找这些行为背后的动机——换句话说，捐赠者得到了什么？经济学家得到的结论是，看起来是利他主义的行为，实质上是利己的。当代经济学理论，除了明显的例外，大多数都忽略了利他主义行为的可能性。一个相反的观点是由一位进行了关于利他主义理论研究和调查的社会学家提出的，他认为利他主义是人性的一个特点。

认为天下没有免费的午餐，每一种交易背后都有某种交换，也就是某种利益存在，这种看法对一名经济学家来说是很有吸引力的。如果我们往一个盲人的杯子里扔进一个硬币，这是因为这个盲人给予了我们某种东西。我们感觉到某种情感道德上的光辉，这就是我们从那枚硬币中所得到的东西。

那么公益性行为是不是总是由自利动机来激励的呢？是否总是存在一种利益交换？如果前者是正确的，那么经济学家提出的自利激励机制就是站得住脚的。如果没有利益交换存在，这就引出一个问题，当公益行为没有要求任何回报的时候，这种行为给社会带来的益处是否更大。

然而，认为公益行为与自利行为没有什么不同的这个观点存在严重的误导性，因为没有理由要求所有事情的动机都是一样的。实际上，导致公益行为的动机“可能与导致我们积累个人财富或者购买自己需要的消费品的动机是完全不同的”。如果我们认为个人的公益捐赠是一种“与他人的社区意识”的表达，那么，这种行为对经济学家而言，就不再是那么非理性或者是那么神秘了。

美国式自由市场经济的活力显示了不是由自利驱动的行为的重要性。因此，忽略了利他行为的经济理论不能真实地反映这个世界。我认为利他主义要优于开明的自利行为，而美国的例外主义正是这样的一个例子。这对我们国家的繁荣至关紧要，因为如果人们都不关心公共利益的话，那么我们就只会做对自己有利的事情。

在大多数时候，我们可能永远不知道为什么公益家会捐赠。当然，一些杰出的公益家，比如安德鲁·卡耐基，通过写作来有力地解释了他们进行捐赠的原因，从而为我们在这方面提供了一些认知。然而，即便是有了文字描述，作为公益捐赠观察者的我们永远不可能真正知道这些人的动机。

从公益家的角度看，公益捐赠既可以是消费性支出，也可以是投资。从消费的角度看，我们知道，比如，人们可能花很多钱来买衣服，把自己打扮得看起来非常有钱和时尚等。同样的，那些非常有钱的人可能会把将自己的名字刻在某座建筑上或者登在报纸上看作是一种消费。认为那些名字被印刻在许多大学校园的研究场所的人没有从他们的慷慨捐赠为人所知中得到满足的看法是愚蠢的。在普林斯顿大学有卡尔·C. 伊坎基因组实验室；在杜克大学有以家庭美元（Family Dollar）折扣连锁店的创始人和首席执行官列昂·莱文的名字命名的莱文科学研究中心；在约翰·霍普金斯大学，迈克尔·布隆伯格捐赠成立了布隆伯格公共卫生学院；类似的例子还有很多。

有趣的是，有一些公益家会用匿名的方式进行捐赠。实际上，许多富人出于若干原因试图在捐赠时尽量低调和不为人知。如果一个人匿名捐赠，这似乎就意味着以交易或消费来解释公益捐赠都说不通了。

公益可以被看作是超级富翁的消费，而不完全是利他主义行为，这似乎说得通。富人希望通过他们的捐赠被人们所认可，因为他们生活在一个敬仰慷慨行为的社会。如果他们的同行认为将自己的财富用来做公益是愚蠢的，那么公益作为一项消费可能就不会那么流行了。

5.10 结论

本章我们讨论了美国公益的历史，提出 18 世纪和 19 世纪美国的一些公益行为的动机可以追溯到英国移民社区的宗教和文化价值观。从捐赠占 GDP 的比例来看，英国实际上是仅次于美国的第二个最为慷慨的国家。美国并不是唯一拥有大量亿万富翁的国家。近年来，按人均来看，美国的人均亿万富翁的数量在全球居第六位，排在中国香港、伯利兹、塞浦路斯、以色列和黎巴嫩之后（见图 3）。其他国家像挪威、瑞典、德国和英国都紧随在美国后面。那么为什么其他这些国家的富人没有更多地从事公益事业呢？我们没有理由相信美国的富人应该垄断所有的制度化的公益捐赠。

本章的主题是美国长期公益行为的盛行以及与其他国家相比较更加繁荣。我认为公益是美国文化的一部分，并且也是创建了这个国家并维持了其繁荣的创业型中产阶级价值观的一部分。但是这是不是就够了呢？公益是不是已经兑现了它的承诺，或者是还有很长的路要走？公益是美国人对企业家创造的巨额财富该如何使用这个问题的回答。但是，为了创造机会，又不能影响导致创新和财富的自利行为，慈善捐赠的最佳数量是多少呢？我们将在下一章回答这些问题。

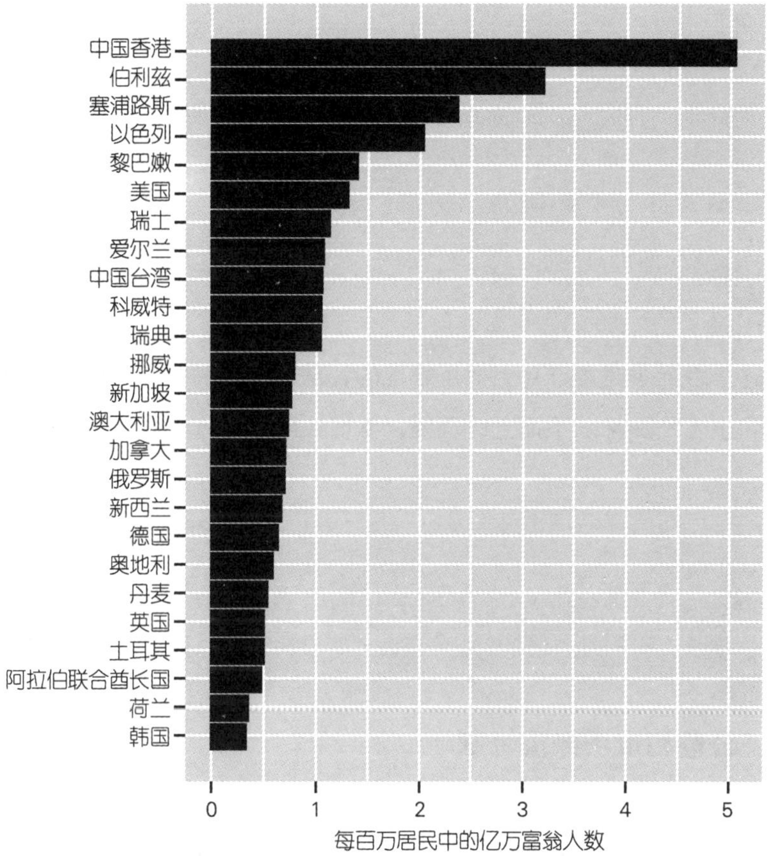

图 3　各国和地区每百万居民的亿万富翁人数

资料来源　Compiled by author.

第 6 章　美国式自由市场经济

这个世界不是那样自上而下管理的，从而个人利益和社会利益总是一致的。也不是那样从下而上管理的，从而实际上个人利益和社会利益是一致的。

——约翰·梅纳德·凯恩斯

6.1　公益和市场经济机制

我用了一个问题来结束第 1 章，“美国式自由市场经济是否有效”？当然，回答这个问题需要我们弄清楚，究竟什么是美国式自由市场经济。并且，这个答案取决于是谁提出的这个问题。从第 2 章到第 5 章，我试图提供一个我对美国式自由市场经济潮流的粗略描绘：机会、企业家、财富的创造和公益。通过采用潮流这个比喻，现在让我们用更精细的画笔来描绘当今美国的繁荣景象。

公益是如何成为市场经济机制的一部分的呢？市场经济机制是一个相

对有序的制度，受有迹可循的供给和需求逻辑的支配。相反，公益则缺乏一套法则来解释它的运作。正如贯穿欧洲历史的宫廷慈善和艺术赞助，公益受制于富人想法的变化。而且，公益不仅大部分不受经济原理的支配，而且相对地不受民主的制衡，比如选举、公决和罢免。

正如在第5章讨论过的，社会科学家很难理解公益为什么会存在——除了作为避税手段（这对于应对税收政策是一个理性的选择）或者作为消费方式（为了将自己的名字刻在建筑物上而付出的代价）以外。然而，正如我已经试图证明的那样，美国的公益否定了这种简单的解释。公益作为一种避税的方式并没有解释为什么美国最富裕的三个人已经同意将他们至少95%的财富用于捐赠。公益作为一种消费品，没有能够解释在美国大规模公益活动的长久历史过程中数以百万计的匿名捐赠存在的原因。

公益早已成为社会变迁的强大推动力量，常常被人们视为与市场经济在同一条轨道上并行，很少被理解成为一个与美国式自由市场经济密切相关的实体。然而，它既源于市场经济机制，同时也持续滋养了这个机制。它是自由市场经济的一个产物，这是企业家试图影响美国社会和价值观的另外一种方式。因此，埃文·马瑞·考夫曼（Ewing Marion Kauffman）不仅通过药物的大规模生产影响了美国的生活，而且通过堪萨斯市的考夫曼基金会对创业和教育的数百万美元的支出，将他的世界观强加于社会。这就是美国式自由市场经济的大胆粗暴之处。

公益历来就忠实于美国式自由市场经济，这在机构支持的机会创造和创新的大量案例中得到证实：公益家们已经在中学、大学、图书馆和研究中心进行了大量投资。美国式自由市场经济的力量依赖于这些机构的健康，以及它们在产生新想法并为市场训练新工人方面的能力。这样，公益和市场经济形成了共生的关系，公益的力量加强了美国式自由市场经济的力量，反之亦然。

美国的公益家应该赞同一个强大的美国式自由市场经济体制，因为正是这个体制为他们个人的成功提供了条件。他们似乎认识到，美国式自由市场经济的力量既不是体现在一个行业或者一系列公司的规模或者影响力的大小上，也不是体现在一个国家的 GDP 上。相反，正如公益家们所说的那样，自由市场经济的力量是用一个更加理想的方法来测量的。机会允许个人参与到经济活动中去，并为新思想和新公司敞开大门。创新随着机会而到来：它是当你接受那些聪明的、受过教育的人们并且允许他们来解决问题时获得的结果。

在美国，机会的缺失主要有两种形式。第一，它主要表现在像不合格的中学那样的地方，那里的学生们很早就落后于正常的教育水平，而且再也追赶不上来，这样他们就失去了成功地参与到经济社会发展中去的机会。第二，它也非常明显地表现在如第 3 章讲过的 Hush-A-Phone 那样的创新失败的案例中。在这个案例中，由于贝尔这样的公司害怕竞争或者像联邦通讯委员会（FCC）这样的部门坚持某种晦涩的规则，从而导致受过哈佛大学教育的声学工程师和一位野心勃勃的企业家创业失败，同时那些支持机会创造的机构数量也明显不够。公益不能够解决所有这些问题，但是公益对财富的循环方式——将财富投资于新一代人和新观点——反映了一种重视动态形式的机会，而不是重视那种固定或排他形式的机会的制度。

如果你看看基金会，它们仅占美国公益活动的一部分，这些基金会的经费有四分之一是投向教育，还有四分之一用于医药、科学和其他研究目标。公益家完全可以将他们所有的钱用于收藏油画和中世纪盔甲，并且把基金会仅仅作为一种载体来将他们的无价之宝租借给画廊供大众观赏。一些富有的美国人是这样做的，但是大多数不这样做。美国的公益非常明显地专注于加强那些支持美国式自由市场经济的机构。

公益也解决了美国的财富问题。当市场经济真正具有创新性的时候，它就能够产生巨大的财富，通常，这些财富只是集中在相对少数的一些人手中。这倒不是大问题，因为其他方面是平等的，除非这些财富被闲置起来。正如凯恩斯评论道，“爱钱为业……将被认为是一种令人恶心的病态”。正如英国贵族所表现出来的，闲置的财富对促进市场经济的发展毫无用处。当财富不能够循环用于加强机会和创新制度的建设时，市场经济机制就会受到损害。今天，受到所谓“资源诅咒”的国家就有这样的问题。石油和矿产业的精英没有动力将他们的钱再投资，用于他们自己社会中机会和创新制度的创造。这个问题部分是因为这些精英并不是通过如我所界定的创新和机会而获取财富的，而是通过暴力、贿赂和其他的不正当手段得到的。富人会更加倾向于效忠维持他们财富的制度，无论是创业、继承还是腐败。

今天美国的机会和创新的机构得到了很好的发展，但是这起源于地方性的、独立的努力。早期在新英格兰和切萨皮克地区以及后来遍布整个西部地区的美国人在绝大多数的村镇建立起了学校，并没有法律要求他们这样做，也没有任何来自其他国家的习俗影响。到了 1800 年，美国白人的识字率已是全世界最高。我们也许不能说所有的这些学校都是由资本家建立的，但非常可能的是，这些学校大多数是由那些希望加强他们所在村镇实力的农场主、当地商人和宗教领袖等创建的。公益活动体现了这样的机构建设——一种既理想又独立的制度。

在公益活动远远少于美国的西欧国家，市场经济机制几乎完全是由政府来支持的。在欧洲出现这种不同的平衡的原因可能在于文化和历史的综合因素。尽管像法国这样的国家确实也有基金会和非营利组织，比如无国界医生组织，但这些组织主要支持的是在这些国家之外的机制建设，想要找到欧洲公益活动对欧洲市场经济机制起到强化作用的实例是比较困难的。因为各种复杂的原因，欧洲的公益总是避免与政府提供的服务以及政府对国内机构建设的支持相竞争。这样，公益就只好寻求另外的地点，通常是那些有着更加宽松环境的地方。

在美国，公益和政府更加愿意在它们自己的地盘上展开竞争。政府对于市场经济的机构建设表现出极大的热情——那些持续创造机会和创新的机构。我们在前文中已经讨论过许多这样的实例：先由州，后来由联邦政府逐步发展起来的公立学校制度、赠地大学、国家科学基金和国家卫生研究所。公益和志愿者服务与这些政府努力基本上是同步发展的，有时是合作，有时是竞争，但是几乎总是能够强化增加机会和创新的总目标。

6.2 美国式自由市场经济的变迁

在本书中，我将美国式自由市场经济描绘为一种依赖于机会、创新、财富和公益的制度。其他人采用非常不同的术语来描述市场经济，通常会突出特定机构的角色，比如，工业、工会和政府，或者宣称在其他条件相同的情况下，政府规模决定了市场经济是否能够存在。然而，正如我在本书中试图证实的，美国式自由市场经济的特点与诸如政府是花费 GDP 的 30%还是 40%（近几年美国与德国的差别），没有任何关系。美国式自由市场经济与核心机构的力量之间存在更多的关系。

美国式自由市场经济的发展历史可分为几个不同的阶段。有人可能会认为，美国式自由市场经济一直在演进，这将意味着它变得越来越好。但评估美国式自由市场经济发展轨迹的挑战在于，全球经济的特点在持续地发生变化，因此某个十年中的理想制度可能成为另外一个十年的灾难。在第 3 章，我强调了美国式自由市场经济在历史发展过程中的各种变化，但是变化最大的阶段是从 19 世纪末，当工业革命已经开始的时候，一直到 20 世纪末，当管理经济的很多特点开始瓦解的时候。我的基本观点是美国式自由市场经济已经从一个镀金时代进入到另外一个镀金时代，两者之间就是那个我称为管理经济的阶段，这个阶段包含了许多有吸引力的，但却不可持续发展的特点。管理经济之所以不同，并不是因为政府大，而是因为政府和企业如何共同处理他们的事务。

在奥巴马总统任职早期，整个美国都在热议医疗保障问题的时候，许多观察者宣称美国式自由市场经济正在经历另外一次演变。同样的指责也曾被用于指向“新政”时期的罗斯福政府。然而，只要医疗保健的提供者、制药公司和医院仍然存在创新的动力，美国式自由市场经济的根本性质就不会有任何实质上的改变。大多数严肃的观察者都理解这一点。即使医疗保障法承诺政府会增加 GDP 中医疗保障支出的比例，但是这基本上也没有触及美国式自由市场经济高度竞争和创新的制度。

像我这样在婴儿潮年代出生的人对管理型经济深有体会，它和美国模式完全相对立。其中一个原因是，美国当时正在经历令人难以置信的长期而强劲的经济增长。世界上其他国家受到战争的重创，而美国的工业却强劲发展，在经过一段时间的密集创新和创业后，进行大力的扩张。可以这么说，从第二次世界大战后，美国经济就乘风破浪，一直到大约 20 世纪 70 年代管理型经济的体制开始瓦解时。在这段时期，商界领袖、政治家、企业家和其他精英们认识到，大企业和政府之间的关系将无法继续维持，尤其当面对来自于日本、德国和其他快速发展的经济体的持续竞争的时候。

美国通过剪断政府机构和企业之间的关系，允许新公司和创新型公司来挑战已有公司的霸权，从而一点点地、有计划地或者无计划地来瓦解管理型经济。从某种程度上讲，这促进了致力于机会、创新、财富和公益的机构发展，但同时也给它们提出了新的挑战。

当管理型经济趋于瓦解的时候，规模较小的公司会发现它们比以前有了明显更多的机会。它们能够融到资金，尤其是在高科技领域，并且在一系列新法规的帮助下，它们能够利用许多源于大学的研究成果。新思想、企业家与金融家之间的新协同，以及一种新的高科技文化，是与经济机会的增长同步发展的。随着机会和创新而来的是财富。从 20 世纪 80 年代早期开始，股票市场的市值大幅增长，为资本的所有者制造了巨大的财富。从理论上讲，近些年来的美国经济已经大大开放了，那些拥有创新动力和能力的人们赚取了大量的金钱。然而，从另一个角度来看，经济中的变化就如同一个反常的音乐椅游戏，一些参加者在音乐已经停止后才被请进房间。

6.3 新镀金时代（1970 年以后的美国）

在许多方面，美国在过去三十年来似乎已经悄然进入到一个新的镀金时代。经历了民主党执政，也经历了共和党执政，直到最近的金融危机结束，这期间基本上没有新政党的鼓噪、大规模的抗议活动或体制内的持续动荡。正如 19 世纪末期的第一次镀金时代，许多富裕的经济参与者收获颇丰。高科技、金融和医药的前沿成果丰富，呈现出持续的创新性。然而，在这些成功表面的背后，提供机会和创新的机构很显然并不能够很好地为每一个人服务。收入的中位数从 20 世纪 70 年代后就没有什么提高，同时最富裕的美国人和最贫穷的美国人之间的财富差异在这段时期不断增大。

近年来，经济危机对美国中产阶级的打击非常严重。在 2008 年秋季到 2009 年夏季之间，美国丧失了 450 万份工作机会，失业率翻番达到 10%。连续六个月，美国每个月丧失 70 万个就业机会。而且这些工作机会不再重现，长期失业的人数持续攀升。这通常是金融危机发生后随之而来的经济萧条的情景。2012 年的就业数据仍然低于 2008 年。

尽管在金融危机后的经济萧条时期许多工作已经消失，但是美国企业却变得更有生产效率，无疑这部分是对全球化带来的日益增长的竞争的反应。如果你看看决定长期平均生活水平提升的生产率的增长，近年来其表现令人非常吃惊。在 1995 年到 2002 年之间，美国生产率每年增长 2.8%，为历史上持续增产的最高水平。到 2005 年，这个数字达到了每年略高于 3%的更高水平。

为什么这很重要？如果生产率以每年 2.6%的速度增长，生活水平每 28 年就会翻一番，但如果增长速度为 1.4%的话，生活水平翻番则需要 50 年时间。如何解释美国迄今为止的好运呢？传统的经济学智慧趋于认为信息革命，尤其是电脑芯片和相关产品价格的快速下降起到了至关重要的作用。当我们用传统的统计学来衡量的时候，这个看法似乎很有道理。在 1993 年到 2003 年间，电子产品制造业的生产率以年平均 15％的速度增长，而制造业生产率的年平均增长速度为 4％。几十年来从管理经济向创业型社会的结构转型似乎在经济增长的加速过程中起到了非常重要的作用。

过去三十年的美国式自由市场经济机制已经给经济带来了巨大的改变。20 世纪 80 年代的公司袭击者、贝恩资本（Bain Capital）的米特·罗姆尼（Mitt Romneys）以及其他的私募股权投资公司是一些极端的例子，但是他们代表着经济再造的愿望。对老牌企业的霸权构成挑战的众多的小型制造企业、零售业的创新、软件应用的开发商以及电信领域的最新发展则没有那么引人注目。经济中的这些根本性改变是经济机会的产物。它们给予新创企业一个机会，并且使经济变得更加灵活和高效，这应该有益于美国的全球化竞争。

问题的一部分在于，很多这些新财富并没有创造工作机会，因此就其本身而言，没有为普通的美国人创造机会。以金融业为例，这个行业有许多创新，但是，这些创新很少使普通美国人的生活变得更好，尽管它们有助于全球市场变得更加有效。即使那些影响到美国人生活的公司也没有创造多少工作机会。例如，当我写到这里的时候，脸谱公司（Facebook）拥有大约 650 亿美元的市值和大约 3 500 名雇员。如果工业革命时代的公司拥有像脸谱公司一样的市值，那么它们能够创造数万个工作机会。尽管创业仍然能创造财富，但是今天就创造就业机会而言，10 个马克·扎克伯格才能抵得上一个约翰·洛克菲勒。

除了为新公司创造机会，新镀金时代的经济也大大增加了消费者可以拥有的选择：iPhone 几乎每年都能够推出一个新款。然而，这并不意味着美国人机会的增加，这或许是过去几十年来市场经济在美国的悖论。企业家越来越擅长以低成本来生产令人炫目的新产品。然而，尽管这些创新降低了生产成本，并为消费者提供了一些新形式的娱乐，但显然它们并没有为劳动力市场创造足够的、有意义的工作机会。

或许有些人会认为20世纪90年代末的镀金时代比现在要好很多。自从20世纪70年代中期开始的经济波动之后，美国经济在20世纪90年代表现非常出色。失业率低于5%，每年的经济增长达到4%，通货膨胀得到有效控制，制造业的生产率上升，美元表现强劲，股票市场不断创出新高。美国赶上了信息革命早期的潮流，最早抓住了这个机会。然而，这种机会就像任何一个冲浪圣地一样，会很快传开而被众人所知。

从20世纪90年代开始，美国已经经历了两次管理失败的投机泡沫：第一次是“互联网”泡沫，之后是持久的房地产崩溃。在此期间美国还面临对工作机会的持续的全球竞争，尤其是在高端制造业和服务业领域，中国和印度的公司不断地夺走高技能工作岗位。实际上，今天像苹果这样的公司想要表达的，不仅仅是中国公司能够生产出比美国公司更便宜的高端电子产品，而且这些公司更灵活，能更好地回应像苹果这样的企业的需求，并且能够快速地变换产品。当史蒂夫·乔布斯生前被奥巴马总统问道，怎样才能让生产苹果产品的工作机会回到美国的时候，这位苹果公司的CEO回答道，这些工作机会再也回不来了。

6.4 创新需要（走出萧条）

如同创新一样，公益活动是激励人心的。可以这样说，如果社会能够最优运转，公益家将无用武之地。同样，创新的存在是为了提供比现在更好的东西。也许因为这种相似性，公益家们特别专注于美国的创新体制，资助研究机构、大学和有前景的个人。

在未来数十年，我们将会看到创新和公益之间的这种关系是否会不断增强，尤其是当社会对创新的重视似乎日益增加，并且当经济中的许多创新机构已经转移到大学的时候。正如我们讨论过的，全球化竞争已经显著地瓦解了企业研究实验室的制度，这些实验室在20世纪的大部分时期都占据着创新的主导地位。像施乐那样的公司，凭借其在市场上近于完全垄断的地位，能够支持最前沿和开放的研究并且维持它们在市场上主导地位的时代已经一去不复返。在其全盛时期，施乐研究中心的创新潜力是无可争辩的，但是这种模式现在已经不合时宜了。

公司工业实验室的消亡增加了美国大学保持创新的压力。对于公益活动而言，大学，而不是像施乐公司和贝尔实验室这样的地方，更多地成为公益捐赠的对象。大学渴望做出贡献，并且它们比大企业更加愿意进行教育研究项目、院系和合作伙伴关系的再造来吸引更多的资金并且提高它们的声望。

大学允许它们自己受到企业家的影响，同时企业家对于构建大学的目标和方向似乎也有着非常大的兴趣。或许，这是因为在那些具有雄心壮志的个人心中，大学似乎拥有许多承诺，而不是只限于简单的成功模式。这样，公益捐赠将有可能激发一系列行动来推动大学在21世纪的发展变化，这种变化即反映了过去几个世纪的努力，同时其方向也是难以预测的。

6.5 需要什么样的大学

像利兰德·斯坦福和以斯拉·康奈尔那样雄心勃勃的公益家们可能永远也不能预测到他们创办的大学将会发生如此巨大的改变。然而，他们创办这些机构是为了实现一个特定的目的：维持一个强调学习、创新和竞争的社会。大学以两种明显的方式支持着美国式自由市场经济。第一种方式是帮助劳动力队伍与经济创新的步伐保持一致。从一般意义上来讲，企业家创办大学来扶持那些雄心勃勃的人——那些跟他们一样，能够从市场经济机制中受益并且能够强化这个机制的人。一个多世纪前，当利兰德·斯坦福创办他的大学的时候，情况的确如此。同时，公益捐赠也确实继续影响着今天帕罗奥多（斯坦福大学所在地）的教育。公益家所建立的大学制度从来都不是以职业培训为其终极目标——尽管它给科学家和工程师提供了宽泛的教育——其终极目标是理想性的，为了帮助人们拥抱这个世界。

大学帮助维持市场经济机制的第二种方式是通过它们对创新的贡献。美国政府很早就认识到高等教育的这个重要性，并且花费了无数的金钱来强化大学和创新之间的关系，无论是否有公益家的支持。美国政府也许计算过它的投资会有一个很好的回报。对斯坦福大学这样的学校的研究人员的资助，既能够帮助教育下一代研究者，还能够支持新的创新的发展。美国主要研究型大学的预算体现了这一点：一年中，这些学校年经费的三分之一用于教学，另有四分之一用于支持教师和学生的研究。公立研究型大学的预算也非常相似。这样，随着这种资助研究型大学的模式在过去 50 年的演进，大学在争取经费支持和吸引明星研究人才方面的竞争日趋激烈。当这个制度有效运转的时候，它能够非常有效地为研究提供激励机制。

然而，尽管政府慷慨大方，但如果没有公益捐赠，美国的大学要保持其竞争力将会遇到很大的困难。平均而言，一所大型私立研究型大学的预算来源包括四个部分，每个部分的比例基本相等：一部分是公益捐赠、一部分是学费、一部分是政府经费，还有一部分是各种杂项收入，例如商品销售收入、体育比赛的门票收入，以及媒体的版权收入等。对公立大学而言，其预算也是由四个部分组成，尽管其来自公益捐赠的收入只有私立大学的一半。这样，对公立大学而言，大约有 10％的收入来自于公益捐赠，相比之下，私立大学大约有 25％来自于公益捐赠。毫无疑问，无论是公立大学还是私立大学，公益捐赠的支持对于研究型大学都是非常重要的，在许多情况下，从这些大学的创立到现在都是这样。

大部分这些来自于大额捐赠的经费都有某种特征，专门用于某种特定的研究，比如支持某个系的教师或者其设施建设，或者用于打造一个新的研究领域。许多带有公益家名字的捐赠教室就是一个实例，同时还有像普林斯顿大学的卡尔·伊坎实验室这样的大楼，研究整合基因学的刘易斯·石格尔（Lewis-Sigler）研究所就在该建筑中。

正如艾伦·格林斯潘所说："在 21 世纪，我们的高等教育机构将会承担巨大的责任来确保我们的社会能够做好准备以应对经济快速变化的需要。"的确，美国式自由市场经济将会继续以新的方式影响研究型大学和小型学院。在这些变化中，一部分将会受到广泛的欢迎，而另外的一部分则可能是有争议的。但是，无论如何，美国高等教育的模式具有很强的适应性——这在很大程度上是因为公益起到了积极的作用。

近年来，公益对高等教育的贡献在不断增长。一项研究发现，在 1994 年到 2004 年之间，对大学的公益捐赠上升了 94%，如果按入学人数增长进行调整以后，则上升了 84%。对于谁在提供捐赠，该研究发现，大约有一半的捐赠来自于个人，另外一半则来自于私人的或者公司的基金会。在来自个人的捐赠中，大约有一半是来自于校友，还有一半来自非校友。我们难以解释对大学的公益捐赠为什么会发展成这样的格局。也许股票市场的成功在公益捐赠数额的扩大方面起到了一定的作用，或者也许近年来富裕的企业家数量的增加可以解释高等教育获得的公益捐赠的增长。后一种解释与第一次镀金时代的许多公益行为是一致的。

公益捐赠也具有改变大学和私有部门关系的潜力。一个极端的观点是，允许公司进一步利用大学的研究能力。这样的安排通常需要公司先预付一笔经费给大学，以实施某项特定的研究项目，作为交换，大学则放弃长期的专利许可费。大学和公司之间这种明确的联姻使得公司有可能利用一些世界上最好的研究设施。提升大学在研究和创新中的地位与作用主要基于两点考虑：首先，大学研究设施的规模超过了大多数公司的研究设施的规模；其次，大学拥有的研究生是最便宜的劳动力。在像 MIT 这样的地方，工程学院和商学院一起合作研究新的生产流程。这些模式没有明显地涉及公益，尽管公益家们可能会有兴趣通过合作行动，来为双方谋取更大的利益。

6.6 普通人的需要（需要机会的人们）

如果本杰明·富兰克林、奥普拉·温弗利或者比尔·盖茨出生于一千年以前，他们可能会成为什么样的人？由于出生于“宫廷”之外，他们应该就是一些普通人。他们也许是农夫，或者最多是手艺人。但是他们中没有谁能够成为一位企业家或者一位富有的公益家，这些选择并不存在。在本书中，创新者、企业家和公益家都是一些普通的人，他们之所以能够做一些不平凡的事情，是因为他们有这样的机会。他们许多人出身平凡，勤奋的工作使他们拥有了自己的财富，然后他们利用自己的金钱在社会上留下了一些持久的印记。他们回馈于让他们取得成功的社会，从而帮助其他人找到成功的路径。

谈到“普通人”，让我们回到了这本书的一个中心思想，当我们把讨论集中在创新和大学上时，我们很容易忘掉这个中心思想。美国式自由市场经济之所以能够成功，是因为它实现了财富创造和机会扩张的平衡。美国社会在这条钢丝上走得并非完美无缺和没有争议，但是，它有一个坚定的信念，即个人应该拥有平等的成功或者失败的机会。正如詹妮弗·赫齐希尔德（Jennifer Hochschild）在研究个人对待不平等的态度时所发现的，美国的富人和穷人都认为“经济的自由就是拥有一个平等的机会”。

今天的大学是精英的机构。进入大学的费用非常高，投入的费用也很昂贵，因为大学学习需要做好准备和来自于父母的投资。一些大学也带着一种权力和优越感的精英氛围——比如普林斯顿大学饮食俱乐部的标志、耶鲁大学的秘密协会以及哈佛大学的期末俱乐部。然而，在教育改革的浪潮的推动下，同时由于公益捐赠使得这些学校能够对来自中产阶级家庭的孩子实行实际上的免费入学，这些大学现在比以往任何时候都更倾向于精英培养。而且，很多不是指向研究行为的大学公益捐赠被用于致力于扩大为大多数人提供机会的优生奖学金。

与此相关，公益家们热衷的一个领域是支持那些提升小学和中学教育的项目。实际上，近年来公益基金会对这样的学校的捐助已经超过了对大学的捐助。值得注意的是，盖茨基金会在 21 世纪的前五年在 K－12 教育项目上花费了 12 亿美元。毫无疑问，捐赠对象的转移部分是因为中小学教育的糟糕状况。然而，公益家很少单独行动，许多这些捐赠都是附和改革者的倡议——捐赠对象一般是特许学校，“为美国而教”计划。另外，捐赠还要附和一系列其他寻求增加教师收入、降低学校和班级的规模，以及通过教育券来提供公立学校之外的教育机会等的倡议。美国的公益似乎总是能被新的想法吸引，很少把钱花在旧的问题上。这种吝啬既是一种好事，但也是一种诅咒，因为这些公益捐赠者的创业态度部分表现在支持那些不只是维持现状的，而是要改变现状的举措上。

这样，公益家将金钱分配到他们能够看到变化的地方。这在马克·扎克伯格给纽瓦克公立学校系统所提供的捐赠上可以得到证明。另外一个例证是安南·贝森，他被任命管理圣地亚哥公立学校系统，并被人们认为有能力改变这个学区的状况。当安南·贝森 1998 年得到这份工作的时候，圣地亚哥学区每年得到 200 万美元的公益捐赠的支持。在 2000 年和 2005 年之间，公益家为这个区域提供了超过 5 300 万美元的支持，包括来自像盖茨、惠普、布罗德和卡耐基等这样的基金会的七位到八位数的捐赠。

6.7 为什么是公益？

为了理解美国式自由市场经济，就应该了解公益在强化市场经济机构方面的作用是非常有益的。如果政治家想要制定政策来实现社会稳定、经济持续的增长，并创造更多的平等机会，那么公益应该成为一个关键因素，哪怕人们对其理解不多。在许多方面，公益是美国式自由市场经济中一个看不见的、被低估的进步力量。

就总体规模而言，公益在美国经济中所占的比例是非常小的，就像一张创可贴。各种估计有所不同，但是公益捐赠可能每年合计大约在 2 500 亿美元到 3 500 亿美元之间，约占美国经济的 3%。令人吃惊的是，自有可靠的数据以来，公益捐赠占 GDP 的比例就一直相当稳定。尽管如此，有些人仍然质疑公益捐赠是否已经大到能对美国社会产生实质性的影响。与政府在教育方面的总支出相比，公益捐赠的份额确实很少。

然而，公益捐赠所有的，而政府支出所缺乏的，是公益捐赠几乎只是关注那些有志向的人，专注于那些别人没有尝试或者不能做到的事。人们批评公益捐赠无需接受公众的问责，但这也正是公益的力量的一部分。基金会能够通过相对较少的官僚程序，共同转移数十亿美元。公益捐赠是快捷的、创新的，并且它能够理解创造性的破坏。因为它已经进入了改革者的网络，所以公益能够快速地确定和纠正美国机会创造机构的缺点。尽管这可能让人认为公益是由时尚推动的，但这样的结论是站不住脚的。公益捐赠已经创立了世界上最好的大学和一些最伟大的科学研究中心，同时通过对医疗研究的支持致力于寻找对许多疾病的治疗办法。把这些贡献仅仅视为时尚或者认为它们微不足道的话，都是对公益彻头彻尾的否定。

6.8 美国式自由市场经济是否有效?

本章从“美国式自由市场经济是否有效”这个问题开始。为了回答这个问题，我们需要弄清楚究竟什么是美国式自由市场经济。正如费尔·奥斯瓦德（Phil Auerswald）和我在最近的一期《美国利益》中所说，美国式自由市场经济的本质不是一个在政府的积极干预下平衡大公司和有组织的工会利益的静态铁三角，也不是一场喧闹的、混乱的、人人都可以参与的竞赛，那里多数人的利益被轻易地纳入了少数人贪婪的胃口。而且，美国式自由市场经济，正如韦伯眼里的理想形式，是一个动态过程，在这个过程中机会创造了财富，而这些财富又反过来被投资于创造更多的机会。美国式自由市场经济的成功——我们判断它的标准——一定不能够取决于它促进经济增长的短期能力，而必须取决于它创造机会的持续能力。然而，采取行动来支持那些增加机会的政策受到当前政治制度的阻碍。这样的结果是令人沮丧的持续僵局，政府没有制定出实现新的繁荣所需要的政治举措。

很自然，在当时的两个政党中，没有任何一方已经制定出一个日程表来应对当前的迫切需要。共和党攻击为科技型企业家提供的有价值的支持项目为“公司福利”。民主党则拒绝通过降低工资税的方式来刺激就业的建议。双方都（明显或不明显地）赞同“立即上马”项目，这些项目的吸引力来自于这样一个逻辑：想要离开一个洞，最好的办法就是更快地往下挖掘。我们对金融危机后经济大萧条政策回应的结果至少产生了一个效应：它让我们能够分辨出在华盛顿的美国政府中哪些人是凯恩斯主义者，哪些人不是——换句话说，哪些人想要刺激经济，而哪些人想要创造一种低税收、低管制的新举措。

正如我们在第 2 章讨论过的，美国式自由市场经济的根本矛盾在于鼓励财富的极大积累和保持经济机会大门敞开之间的矛盾。美国式自由市场经济的力量依赖于后者，使新创企业能够将创新引入经济。然而，当这个制度有效运转的时候，出现了一个新的挑战：巨大的经济不平等，它可能会破坏机会平等。

市场提供了以新企业、新工作和收益以及商品与服务，也就是以廉价商品等为形式的机会。在第 3 章中我们讲到的“负担得起的灯泡”的故事告诉我们，更便宜的商品能够带来更好的生活。实际上，电灯泡，即使是一个光秃秃的灯泡，就能够给一个人的生活带来巨大的改善。再加上洗衣机、电冰箱、自行车、电动搅拌机、吸尘器、汽车、电视、电脑和更加便宜的食物，我们可以看到市场能够无限地改善我们的生活。但是，便宜的商品不能够创造机会。它们让我们的生活更好，但是机会却来自于其他方面。

我们现在能够在一个更好的位置上来回答这个问题，“美国式自由市场经济是否有效?”美国式自由市场经济的三个方面似乎运转良好：创新、财富创造和公益，尽管有人会认为我们应该拥有更多的创新和公益，尤其是更多的公益。今天，人们可以容易地回答说机会创造的机制有些失灵，因为美国正在努力从 20 世纪 30 年代以来的最糟糕的经济衰退中挣扎出来，而我们的政府不能够专注于带领我们朝着正确的方向前行。实际上，约瑟夫·斯蒂格利茨（Joseph E. Stiglitz）已经大胆地写道：“美国不再是机会的沃土。”

6.9 遗产税

为了强化美国的企业家精神、公益和机会创造之间的关系，我们需要做出什么样的改变呢？到目前为止，本书都还没有谈及政策。在前面的讨论中，我的关注点不是应该做什么，而是更多地描述美国式自由市场经济和公益的特点。尽管如此，如果有一个与我们的讨论相关的政策——某种能够实际增强现有的市场经济机制的东西——那么，遗产税可能就是那个政策。遗产税或许是最能够激励富人将财富转移到公益用途而不是将这些财富闲置在自己手中的机制。

在过去的 90 年里，美国已经实施了某种形式的遗产税，平均而言，大约 2%的美国人口受到此税的影响。在第二次世界大战后征收遗产税的高峰时期，一个继承价值 500 万美元及以上遗产的个人需要支付 70%的税。在 2012 年，一个继承同样价值遗产（超过 512 万美元）的个人才需要支付 35%的税。任何一个继承价值低于 512 万美元遗产的人在 2012 年可以免交联邦遗产税（当我写作本书的时候，今后的税率和豁免额度还没有确定下来。）遗产税既是政府财政收入的渠道之一，也是一种用来限制财富集中的工具。美国的遗产税最早是在第一次世界大战期间实施的，当时正值国家需要钱用于战争，同时反对财富集中的进步运动正达到高潮。最初的遗产税税率很低，但是它为今天对大量遗产征税的制度奠定了基础。

遗产税是有利于公益的，因为它对于大多数的慈善捐赠实行免税。1936 年，亨利·福特和他的妻子将他们公司大部分的股票留给了新建的福特基金会，而不是给他们的孩子。这个举动在当时被认为是一种公然的逃税行为，因为国会刚刚把价值超过 5 000 万美元遗产的税率提高到 70%。他们建立的基金会为福特家族节约了大约 3.21 亿美元的税收。实际上，遗产税促使富人在成为纳税人还是公益家之间做出选择。有些人选择直接交税或者想方设法尽可能少交税，但是许多人都利用他们的财富建立了大型的基金会，完成了从企业家到公益家的转变。

尽管遗产税在促进公益方面具有明显的重要性，但许多政治家和反对税收的倡导者认为遗产税是无法令人接受的。他们误导性地将遗产税称为“死亡税”，意指所有的纳税人在死亡的时候都会受到遗产税的影响，而不只是巨额财富的拥有者，从而鼓动公众来反对这种税收。

因为这种反遗产税的压力，许多保守的政治家，包括前总统乔治·布什，都提倡废除或大幅削减遗产税。以布什总统执政时期的 2001 年和 2003 年的两次减税措施为例，政府提出要逐步废除遗产税。今天，反对税收的倡导者仍然在推动遗产税沿着这条道路前行。

在前面的讨论中，我提出公益是一把打开机会创造、企业家精神和经济繁荣之门的看不见的钥匙，更多的公益肯定有助于建设一个更好的社会。也许我们应该努力将其总量从占 GDP 的 2.5%提高到 3.5%——实现 40%的增长。耶鲁大学的罗伯特·希勒教授（Robert J. Shiller）提出我们都应该更多地思考我们的财富的最终目的：“如果一个社会具有普遍的利他主义行为，那么对我们所有人而言，都有一个正的外部效应。因此，政府应该鼓励这种行为，哪怕这种鼓励会被一些人解读为是利用了人们自私的动机。自私和利他主义之间常常有一条清晰的界线，但是一项鼓励人们积累财富，从而能够通过捐赠来得到社会认可的税收法规应该具有促进社会进步的作用。”怎样才能使更多的人更容易地捐赠他们的财富，成为一个最重要的公共政策问题。希勒认为简化税法并且利用它来激励公益可以促进捐赠。

税收改革可能并不会显著地影响富裕的个人捐赠者的捐赠水平，但是确实影响了捐赠的方式，尤其是通过公司或像基金会一样的公益性组织进行捐赠。一项关于高净值公益的研究总结了基金会和税收立法的历史：基金会与国会之间的关系始于《1913 年收入法案》，该法案规定对完全以宗教、慈善、科学或者教育为目的的基金会和其他组织免税。在 1917 年，国会批准了对这些机构进行捐赠的捐赠者可以获得慈善减免，但是直到《1943 年收入法案》的颁布，才有了影响它们的相关立法。这个法案要求基金会和某些其他非营利组织向美国联邦税务局提交一份年收支表，列出收入和支出。

1969 年的《税收改革法案》第一次将基金会纳入征税对象——对净投资收益征收 4%的特种消费行为税（后来减少到 2%）——并且要求基金会将它们所有的投资收益在一年内进行分配，或者将它们所有资产的至少 6%用于捐赠，二者中选择金额最大的那个加以执行。这个 6%的支出比例后来减少到了 5%。基金会被要求的最小支出比例应该从目前的 5%增加到 7%，以加快机会的创造。

美国式自由市场经济的根本矛盾在于鼓励财富的极大积累和保持经济机会的开放之间的矛盾。正如我已经提到的，美国今天所缺乏的是平等的机会，那么创造更多的机会就应该是一个重要的公共政策目标。随着过去几十年财富的创造，这个国家已经拥有了巨额财富，我们应该及早地用好这些财富。增加基金会的支出，就能在社会需求很大的时候投入更多的资源来满足这种需求。尽管这样做有可能会缩短基金会的寿命，但实际上这可能是一种很好的公共政策，因为我们并不需要基金会永远存在。更多的财富会创造更多新的基金会。

6.10 结论

在本章中，我试图解释从促成繁荣的主要因素来看，什么是美国式自由市场经济。美国式自由市场经济既不是欧洲式的计划经济，正如右派所宣称的那样，也不是左派所反对的自由放任的市场经济。美国式自由市场经济是建立在自由民主制度之上，通过机会创造财富，继而财富又被投资用来创造更多机会的一个动态过程。当前的金融危机和贫富差距的加大使人们开始质疑资本主义的未来。但许多人质疑的问题都是错误的，因为他们并不理解过去。今天的美国需要创造更多的机会——不只是企业家，而是更多的创新型的企业家。为了实现这一点，美国需要以一种能够刺激科学、工程和创新交叉的方式来投资。我们现在来看全球经济中的美国式自由市场经济。

第 7 章　全球的视角

对于那些多得的人，需要付出的也多。

——约翰·F. 肯尼迪

7.1　美国和世界

在本书中，我一方面将美国式自由市场经济描述为创新者和企业家之间的互动，另一方面也将其视为一个由创新者和企业家创建的大学、基金会和研究机构组成的庞大系统。这种相互促进的关系有助于美国实现其创造财富和创造机会的双重义务。我所说的机会，是指个人在多大程度上能够参与到经济体系中去，这也许是这个术语最常见的意思，同时也指新公司和新思想进入经济的能力。

正如第 1 章中我曾经写到的，公益是美国式自由市场经济中的一种看不见、被低估的进步力量——是一种在经济学中没有被提到的秘密成分。公益提供了额外的一个档位，是第五档，它推动市场经济超速行驶。它给美国式自由市场经济在全球经济竞争中带来了一种竞争优势。研究公益在美国式自由市场经济中扮演的角色能够为我们提供一个更加完整、更加现实的市场经济图画，从而使我们能够更好地对它进行管理。

美国式自由市场经济的核心是世界上最大的，由创造知识的大学和研究中心构成的系统，这些机构大多数是私立的，并且它们全部都受益于来自于公益资本的巨额捐赠，这些公益资本本身就是与市场经济紧密相关的。此外，在 19 世纪发展起来的，将目标清楚地定位于循环财富的基金会，维持并挑战着为数百万人创造机会的现有方式，它本身就是鉴别市场经济的基本标准。

美国式自由市场经济在创造机会方面所做出的贡献远比人们认为的要多得多。我们很容易认为城市中心的贫民区和农村地区的持续贫困是由冷血的和个人主义的美国式自由市场经济机制造成的——而且可能这一点就已经足够让有些人得出美国试验是失败的结论——但是，这忽略了美国式自由市场经济在其历史上的大多数时期都履行了机会创造这一职责。甚至在考虑了美国的经济规模后，美国公益的范围是历史上任何时期任何国家都无法比拟的。与此相关的是，大量新公司和新思想的涌现，提供了美国式自由市场经济为新创企业和处于弱势的人们创造机会的证据。

本书从第 2 章到第 5 章末，我们逐一讨论了美国式自由市场经济的四种要素：机会、企业家、财富和公益。第 6 章将这四种要素整合到一起。

最后这章的目的是探索全球经济背景下的美国经济和美国式自由市场经济。尽管美国的试验已经持续并且繁荣了三百年，但美国的制度现在面临着来自国内和国外的挑战。当然，这并不是什么新鲜事。有些人认为我们最好的日子还在后面，但是其他人则更加谨慎。在本书中，我提出了这样一个观点，即美国式自由市场经济可能是一个可持续的发展模式。我认为美国式自由市场经济与所有其他形式的市场经济的不同之处在于：它提供了挑战现状的机会。

较之 20 世纪的计划经济而言，美国式自由市场经济是否为 21 世纪提供了一条更好的路径呢？有人可能会说："当然！"然而，一个更加谨慎的回答是："是，但该怎么做呢？"正如我在本书中指出的，美国的文明是独特的。在最后这一章中，我将回顾我们是谁，随后提出以下这些问题：我们与世界上的其他国家相比，情况如何？我们的未来是什么样的？以及2050年的世界将是什么样的？最后一个问题是：正在全世界逐步传播的美国模型是否能够得到更好的推进。

7.2 我们是谁

"美国的例外主义"描述的不是美国具有什么卓越的文化，而是一种理念，即美国从根本上有别于其他任何国家。

普利策奖获奖作家戈登·伍德（Gordon S. Wood）曾写道，美国是一个关于国家的"理念"，在那里平凡的人被给予了不平凡的机会。机会平等的理想认为所有男人和女人都应该获得追求好生活的平等机会。当然，这从来就没有实现过，并且今天也没有实现。但是美国从一开始就努力为所有人提供平等的机会。实际上，这个理想是在《独立宣言》中提出的："我们认为这些真理是不言而喻的，即所有的人都生来平等，他们被造物主赋予了若干不可剥夺的权利，其中包括生命权、自由权和追求幸福的权利。"

美国提供了一种不同的市场经济机制，一种独特的政治经济体，也许西摩·马丁·李普塞特（Seymour Martin Lipset）最有力地阐述了这一点。西摩·马丁·李普塞特是俄罗斯移民的儿子，后来他在美国若干所著名大学担任社会学教授，成为美国例外主义的鼓吹者。李普塞特对美国非常着迷，他认为这个国家和其他现代工业国家相比，在许多方面都是一个异类。在其晚年，他认为阿历克斯·托克维尔是对他影响最大的人之一，尤其是当他在探索是什么让美国与众不同的时候。李普塞特观察到，美国是一个非常“笃信宗教的、乐观的、爱国主义的、权利至上和个人主义的”国家。美国也是工业化国家中投票率最低，但志愿者组织参与率最高的国家。美国提供的社会福利非常低，并且其收入不平等的程度相当高，但这个国家也令人难以置信地任人唯才并提供了向上流动进入专业和精英职业的通道。

美国的社会特点是它的平等主义的阶级结构和宗教制度，它对个人主义的重视以及其弱势的中央政府。它坚持任人唯才，从而造就了生产效率更高的经济环境；它大力强调机会平等，为个人成功和社会流动提供了很大的激励。美国人从未接受严格的世袭阶级的观念，勤奋、志向、教育和能力被看做是比社会背景更加重要的获取个人成功的要素。

在美国，占主导地位的宗教是新教主义，它是资产阶级价值观的缩影，主张勤奋和节俭（资产阶级是一个介于贵族或者非常富裕的人和工人阶级或者无产阶级之间的社会阶层）。在新教伦理中，赚钱是可以接受的，但是金钱不允许被用于破坏社会结构。换句话说，个人可以自由地积累财富，但是必须将财富投资回社会来维持和扩张机会。

美国和它的政治机构是独特的。尽管这个制度结构的某些部分在其他国家也存在，但在美国发展最完备。有些国家提供机会，有些国家允许他们的公民创造很多财富，有些国家偶尔会出现快速的经济增长，比如印度尼西亚和俄罗斯；但是在这些国家机构化的公益捐赠几乎无人知晓。市场经济的影响力因为财富的创造而不断扩大，大多数的财富通过寻求个人回报最大化的投资来产生经济机会，而机会又鼓励创业的努力。这是好事情。但是，它反过来集中了财富，这可能延续了不平等的现象。

在许多方面，美国似乎是机会、企业家精神、财富创造和公益方面的非正式领导。尽管一些国家可能在上述某个方面，在某个时点比美国做得更好，但是，我们似乎可以无可争议地说，美国在将这些要素整合成为一个发展模式上，远远超过了其他任何国家。

7.3 美国、欧洲和东亚

让我们基于机会、企业家精神、财富和公益这几个要素来比较一下三种自由民主制度的模式——东亚的民主国家、欧盟成员国和美国。这些成功的自由民主模式拥有相似的经济和政治制度，即它们都是由民主的政府管理的国家，但是它们有着不同的制度结构。东亚国家有一个强势的政府，美国有一个弱势的政府，而欧洲介于二者之间。

东亚的发展模式非常重视政府和企业之间的关系，因为政府在企业发展中发挥着非常重要的作用。在东亚国家，总的来看，政府创造经济机会，进行直接投资，推动经济增长。在 20 世纪 80 年代，日本在优秀的官僚们的带领下，一个行业又一个行业地征服了全球市场。东亚模式引领了高水平的流程创新和财富创造。然而，很大程度上由于政府强势的传统，东亚的公益捐赠非常少或几乎没有。因此，这种模式在复制思想和利用其他国家所创造的知识方面，运转非常有效，但是这种强势的政府却扼杀了个人行为，无法带来突破性的创新。

欧洲市场经济介于东亚国家的市场经济和美国式自由市场经济之间。在许多方面，欧洲仍然被看做是一个“旧世界”，这就是为什么几个世纪以来，人们会从欧洲移民到美国寻求欧洲所不能够提供的机会。欧洲很少为创业提供机会。所有的数据都证实了这一点，无论你是看高新企业的创业率、上市公司的数量或者是知名企业家的数量。由于欧洲的企业家数量少于美国，创造的新的财富也少于美国。

为了回应信息技术革命（见第 3 章），英国政府几年前启动了一个项目来鼓励更多的人成为企业家。从根本上来说，英国政府希望英国人变得更像美国人。可以认为，美国的企业家比欧洲更多，并且更多的人从英国移民到美国成为了企业家，因为美国给予了中产阶级成功的机会。实际上，四个世纪以来，情况确实如此！在过去十年中，美国大约10%的高科技移民企业家来自于大不列颠。相反，几乎没有一个从美国移民到英国的人成为高科技企业家。为什么没有？答案是因为美国比英国更致力于发展企业。

当然，在欧洲也有一些创业活动，只不过欧洲的经济不是创业型经济。SAP公司是欧洲高科技创业的最好实例之一。它是20世纪70年代由5名对软件有很好想法的IBM公司前工程师创建的。他们试图从德国银行筹集资金来创办一家公司。据说，德国银行告诉他们因为他们曾经在IBM工作，所以如果他们的想法行得通，那么IBM应该会采用。这就是我在第3章强调的管理型经济的主要陷阱。在分散创新上，美国的大学模式已经非常完善，而当时德国还缺乏新财富创造的这种机会。创业者只能通过小型地区银行进行融资。今天，SAP公司在《金融时报》世界500强跨国公司中排名第91，紧跟在西门子、巴斯夫公司（BASF）和戴姆勒公司（Daimler AG）之后。它的年销售额达到了750亿美元，拥有来自全世界的员工54 000人。

在德国和欧洲的其他国家，人们在观念上也存在对公益捐赠的强烈抵制情绪。很多人反对用私人和志愿行动取代国家的作用。德国亿万富翁彼得·克莱默（Peter Kraemer）就对捐赠承诺活动持尖锐的批评态度。盖茨和巴菲特到德国去试图说服那里的亿万富翁参加捐赠承诺活动，但他们遭到了普遍的拒绝。尽管如此，许多亿万富翁曾经捐赠了很多金钱。

以SAP公司的联合创始人之一狄特马·霍普（Dietmar Hopp）为例，他已经将其财产的70%转给了他的基金会，该基金会主要致力于教育和卫生研究，然而他却没有在捐赠承诺上签名。同样的，SAP公司的另外两位联合创始人，哈索·普拉特纳（Hasso Plattner）和克劳斯·齐尔（Klaus Tschira），也已经建立了私人基金会并积极参与公益活动。虽然我们并不清楚为什么他们不在捐赠承诺上签名，但是，很明显，这三个人似乎都与公益－企业家模式相匹配。

欧洲国家的公益与美国的公益相比更缺乏活力的原因之一，是这些国家有非常强大的社会福利体系——比美国的要强大很多——因此，欧洲人觉得政府已提供了足够的机会。然而，正如我在本书中指出的，政府主导的社会福利机构通常是用来帮助那些不能够利用市场经济机制的人，它们很少有能力来振兴和培育那些积极的参与者，正如美国的大学所做的那样，比如，增加机会——以改变和重建知识创造、研究和商业化制度的形式。

法国作家、律师伊弗·贝格伯德（Yves Beigbeder）曾在世界卫生组织工作多年，他说："美国公益的传统表现为为了社会共同利益的利他主义，与此相反，法国则承担了所有的责任。福利国家忽视、怀疑或者拒绝个人对公益或者'慈善'的努力；'公共部门'必须做一切事情，个人不应该介入医疗问题和教育问题，协会必须负责处理繁琐的程序。"

当比较美国式自由市场经济和其他国家的市场经济时，我们可以将美国式自由市场经济看做是自由市场经济，而把其他国家看做是协调的市场经济。美国是一个自由市场经济的例子，同时还有澳大利亚、加拿大和英国。协调的市场经济包括德国、日本、荷兰、法国、丹麦和意大利。这两种经济类型的区别表现在两个关键之处。首先，协调的市场经济有更多的协调性就业保护和更低的股票市场价值。换句话说，它们更多地保护劳动者，但同时也就拥有较少的财富。自由市场经济，比如美国，对劳动者的保护要少得多，但是创造了更多的财富。为什么是这样呢？

这两种类型的经济体的一个关键不同之处在于它们所追求的创新的类型。美国着重于开创新行业的前沿创新。在美国，当微软公司还是一家新创企业时，就野心勃勃地想创建一个新行业（个人电脑软件），这种情况并不罕见——尽管它的成功已经远远超出绝大多数创新型企业。相反，在德国，SAP 公司开创了一个全新的行业（整合企业管理软件），完全是一个异类。因此，美国人专注于能够产生新行业的激进创新，而德国人则致力于使他们自己的现有产品做得更好。想想一辆新的宝马！所以，美国需要就业保护的水平比较低，以创造更多财富，而德国则需要更高素质的劳动者来生产更好的汽车。

我们可以从德国发明者和美国发明者所申请的专利类型上发现这一点。德国人的发明集中在土木工程、机械、机械工具、平面和材料上。美国人的发明集中在基础材料、农业、生物科技、控制系统、光学、电信和半导体上。换句话说，美国人着重于发明未来的产品，而德国人着重于完善现在的产品。美国制度需要较弱的就业保护和富有活力的企业家精神，这种制度能带来更多的财富。或者，借用熊彼得的说法，美国更多地实践着创造性破坏。

出于这个原因，美国式自由市场经济需要循环利用财富，并且依赖公益来实现这一点。公益还能够保持对激进创新至关重要的教育和知识创造方面的投资，而德国人却不是这样。

除了接受创造性破坏的力量，美国式自由市场经济与协调的市场经济还有第二个重要区别。美国寻求财富创造，并与此同时致力于循环利用财富的方法创新。这二者都产生于美国人对个人主义、机构和人类本性的看法。其他国家没有通过私人部门循环利用金钱，但在其他国家创造大量财富的机会也少得多。因此，欧洲拥有更少的企业家、更多的慈善机构和更少的公益机构——这导致最后更少的创新机会。

7.4　2050年的世界

当美国正在经历从管理型经济向一个更加创业型的经济（见第3章）转变时，自由民主制度的根本基础未动，但是政府和企业之间的关系已经发生了巨大的变化，同时美国经济的创新潜力和创造性破坏的活力也发生了巨大的变化。从全球的角度来看，美国的创新和创业制度是独特的，志愿和公益力量与政府一起努力，并辅助政府铸造为美国人创造机会的基础。

第二个镀金时代开始于20世纪末，现在仍在继续中。现在这个周期中伟大的基金会建立不过10年，还没有完全发挥其全部的潜力。盖茨基金会，像卡耐基公司和福特基金会一样，可能需要50年的时间才能让人们感知到它为社会所作出的巨大贡献。同时，第二个镀金时代中的有些富人也还没有成为公益家。如果马克·扎克伯格成了一位真正的公益家，那么他的一生可能成就什么？很明显，我们正在面临着历史上最重要的时刻。当我们在寻求保障我们未来的办法的时候，我们共和国的潜在价值观应该成为我们的导航。我们需要加强我们对机会、创新、财富创造和公益的承诺。

未来十年会是什么样子？当我们凝视着金融危机、全球经济衰退、人口爆炸和生态挑战的深渊时，许多人都在问，未来几十年后人类的前景会是什么样。这个深渊看起来是如此黯淡，因为我们是透过一个错误的镜片在观察它。这个镜片是远视的，让我们的领导者看到的是一个扭曲了美国经济的景象，这为我们采取行动带来了困难。

当我们展望21世纪的时候，很明显，世界正处在一次伟大重建的开端。金融危机将会过去——它们总是会过去的——世界仍然面临两大可持续发展的挑战。第一是探索出在一个人口快速增长的全球化世界中的自由民主的制度结构。到2050年，世界的人口将会增加30亿，大多数都来自发展中国家。正如图4所示，发达国家的劳动力队伍将会下降，而发展中国家不得不承担起创业的挑战。创业是一种年轻人的游戏。换句话说，创新和创业将不得不更多地来自发展中国家。我称之为社会可持续发展的挑战。

正如理查德·佛罗里达（Richard Florida）指出的，贸易壁垒的解除和资本的流动能够创造有效的市场，但其结果是经济学家所说的“齐夫分布”：少数大赢家和许多的输家。经济机会倾向于集中在少数人那里，输家变得很失意，他们会转向宗教狂热或一些其他的替代物来寻求安慰。无论在发达国家和发展中国家都是如此。马克思和凯恩斯知道这一点，他们提出政府需要对参与市场活动的机构进行管制。他们都提倡削减或至少约束企业家和私人的财富。

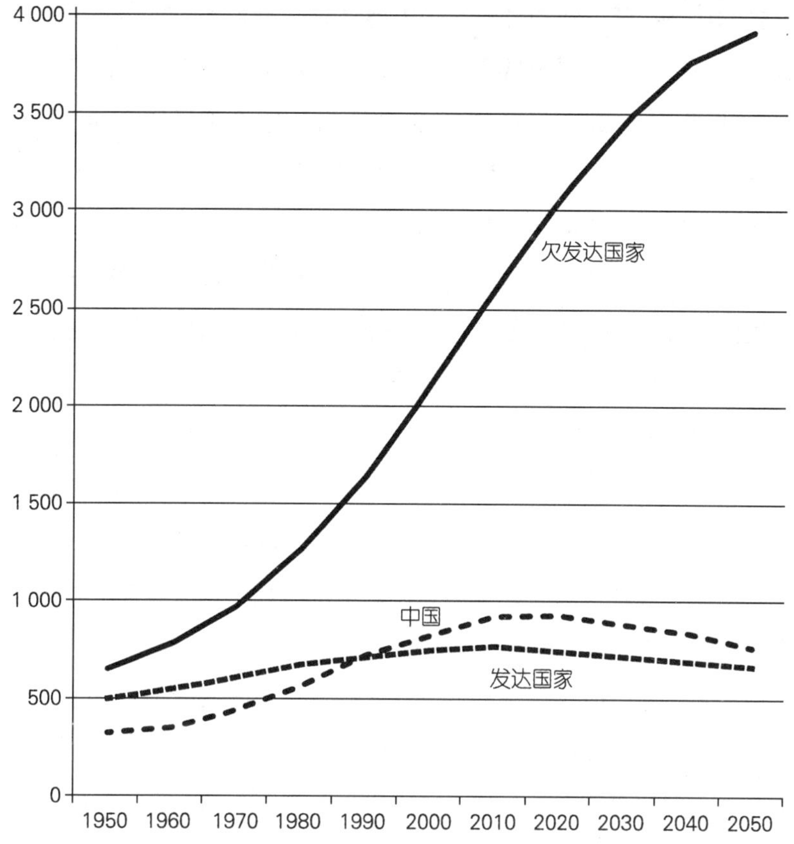

图 4　以十万人为单位的劳动力队伍（人口年龄：15～59 岁），2009 年联合国中位变差预测

资料来源　Zoltan J. Acs and Laszlo Szerb, *Global Entrepreneurship and Development Index* (*Cheltenham*, UK: *Edward Elgar*, 2012), vi.

社会的可持续发展有三种广泛的途径：(1) 将输家的生活水平提升到某个大众消费的最低水平之上（追求名声的幻想胜过经济学的常识）；(2) 恢复国内外的秩序（强制执行）；(3) 构建能够全面利用人的天赋、自我表现和创业精神的结构——简要地说，为所有人创造机会。美国通过向世界展示如何创造机会，可以比任何其他单独行动更好地为全球经济做出更大贡献。也许我们恰恰在曾经擅长的事情上遭到失败。美国是第一个把这个事情做好的国家，也可能将是第一个把这个事情搞砸的国家。说

“把这个事情做好”，我的意思是美国建立起了一系列的机构来为大多数人创造平等的机会。说“把这个事情搞砸”，我的意思是，我们现在拥有不能够为大多数人创造机会的一系列机构。也许约瑟夫·斯蒂格利茨（Joseph E. Stiglitz）将这个观点表述得最清楚：“我已经在许多发展中国家看到这种情形，经济学家甚至给它起了一个名字，二元经济：两种并存的社会，但彼此之间几乎并不认识，几乎无法想象对方生活的样子。我不知道我们是否将要跌入一些国家的深渊，那里社会的分裂越来越大。然而，这是一个我们正在慢慢走向的噩梦。”

正如哈佛大学前校长劳伦斯·萨默斯（Lawrence Summers）和本书所认为的：“也许，我们应该将关注的重点从结果的不平等转向机会的不平等，因为在对待结果上，存在明显对立的态度，而且我们能够做的非常有限。但是，有谁会说自己不同意机会平等的理想，或者看不到目前存在的明显的机会不平等呢？”

第二个大的挑战是生态的可持续性。全球变暖这个话题我们已经讨论了很多年，存在各种对立的观点和不同的意识形态立场。同时，不断增加的证据显示全球平均气温正在上升，极地的冰帽正在融化，气候模式变得反复无常。其结果将会是大范围的洪水、沙漠的扩张和人类痛苦的增加。可持续性要求并推动一种真正综合的、跨学科的科学方法，这使得传统大学或许不再适合为“可持续发展科学”提供所需的环境。如果我们能够重新对大学进行规划，我们可能需要科学家构建跨学科研究集群，并围绕各种问题构建多学科的研究团队。所有的大学都能够围绕这些问题在全球范围内重新规划，就像卡耐基、杜克和斯坦福在一个世纪以前所做的那样。

这两种可持续性挑战是相互关联的，因为我们创造的社会可持续性越多——给所有人提供的机会——我们就越容易通过创业和创新找到改善我们环境问题的办法。值得一提的是，这两种可持续性的挑战，就像 19 世纪的黑奴问题和 20 世纪中产阶级的产生（选举权、公民权和人权），需要我们去认真对待。21 世纪美国式自由市场经济的成功不是在本世纪初来判断，也不是在十年后来判断，而是需要更长的时间。真正的问题不是未来美国会拥有什么，而是人类的未来会是什么样的。

7.5 美国模式是否能够输出到其他国家？

在全球化时代，对各国政治经济走向的观察都指向一个主题：趋同——认为世界正走向一个如福山（Fukuyama）的《历史的终结》一书或者托马斯·弗里德曼（Thomas Friedman）的《世界是平的》一书中所描述的主导制度。认为美国有着一个不同的模式的想法听起来似乎有点奇怪，虽然如此，美国式自由市场经济与世界上其他国家推行的市场经济模式确实存在着根本的不同。无可否认，20 世纪 50 年代到 70 年代早期的战后美国式自由市场经济机制与西欧模式类似，政府在经济中发挥着远比现在积极的作用，少数大公司控制了每个行业。

创业革命改变了所有的这一切。为什么在美国有这么多的创业行为呢？或者说，为什么在世界其他国家没有美国这么多的创业行为？正如我在本书中已经提到的，这个问题的答案与美国独特的促进创新的机构有关，这些机构将激进的创新推向市场，从而促进了新财富的创造。这个过程开始于创新和专利——这是许多发达国家做得很好的方面——但是随后却依赖于创业者将这些发明转化成商业计划的能力，他们需要投资，并相信他们的新企业不会因为政府的管制或市场与公司之间的合谋而被挤出市场。

然而有意思的是，美国公益的繁荣不只是因为美国在创新方面比其他国家做得更好，而且也因为美国非常善于孵化那些处在开发阶段的创新。从 20 世纪 60 年代起，美国、西欧和日本的专利数量一直都非常稳定，但美国对这些专利的利用率更高，将它们商业化并把它们转化成企业。

正如我们在第 3 章中提到的，那些得益于创造性破坏制度的创新型企业家在一个创业型经济体中非常普遍。是什么让这种情况能够在美国再次发生？这是由于美国社会的价值观、态度以及行为发生了深刻变化，是一种“新技术”在经济中的应用。在美国的创业革命发生后，1985 年彼得·德鲁克写道，“创业型经济主要是一种美国现象或者也会在其他工业化国家出现，但现在做这个判断还为时尚早……迄今为止，创业型经济只是一个美国现象。”尽管德鲁克认为创业型市场经济模式可能会在日本出现，但是它没有。日本是一个富裕的、发展缓慢的、主要生产汽车和计算机的经济体。

大卫·奥瑞兹（David Audretsch）和卡尔·斯库曼（Carl Schramm）都对 20 世纪 50 年代的经济进行了详细描述，仔细记录了劳工、大企业和政府之间的关系。他们描述了美国转型那些年的临界点，并且对美国式自由市场经济的本质得出了类似的结论。然而，他们对美国的未来持有不同的观点。

奥瑞兹相信，世界上的其他国家学习了美国模式，从而威胁到美国的比较优势。他指出：“美国用了十年的时间让自己从一个自我怀疑的社会转变为一个自我颂扬的社会。美国有而其他国家没有。我最近花了相当多的时间在欧洲和亚洲，观察它们打造自己版本的创业型社会的努力。我很想知道，‘当其他国家赶上来的时候，美国该怎么办？’”

卡尔·斯库曼为奥瑞兹的问题提供了一个答案。他完全不担心全球向创业型社会的转型，美国试验的未来实际上依赖于世界上其他国家对它的效仿。

本书提出，是公益而不是创业，推动了美国式自由市场经济的基本运行。所以，除了完善的市场、财产权、合同法、资本市场等外，公益这种很少被人理解的经济力量提供了一种超机构的要素来推动大学研究的发展。这些机构是通过技术创新、促进经济平等和巩固经济安全来实现经济增长所必需的。这个反馈循环帮助美国完成了它创造财富和机会的双重职责。

在美国出现的这种独特力量是重要的，但是，这里更重要的是，它为世界各国提供了一个更加灵活的市场经济体制。当然，我们很容易认为企业家与公益之间的关系不过是美国例外主义的另外一个例证，但是这样说的意思不够清楚。美国与企业家精神的关系是不稳定的，尽管企业家精神在这个国家早期发展的大多数时候都极端重要。

我们现在知道的是这个制度——我称之为美国式自由市场经济——已经在其他国家萌芽，无论它在那里是否受到欢迎。这种美国式自由市场经济正在其他国家露头，并且挑战着各国之间的关系。我们怎么看待这个问题？即便在美国，对市场经济的主流阐述都没有考虑创业企业和创业型市场经济之间的关系和相互依赖。

美国式自由市场经济传播的证据在创业活动和公益中都能够找到。在19位已经捐赠了至少10亿美元的最慷慨的亿万富翁中，有13位来自美国，其他的分别来自瑞典、德国、印度、墨西哥和中国香港。这里，我们可以观察到三个现象。第一，所有这19人中，除了一人，其他人都是通过自我奋斗而成功的人，这说明企业家精神不仅存在，而且非常活跃。第二，这19人中的13人是美国人，尽管全世界的亿万富翁只有45%是来自美国。第三，他们都致力于机会的构建。比如，陈颂雄博士（Patrick Soon Shiong,）一直致力于建立一条医疗卫生信息的高速公路。

如果美国以外的600位亿万富翁能够找到一个公益性渠道来投资于研究（就像美国的公益），那他们就能让自己的国家和这个世界变得更美好。因此，本书倡导一个更大范围的全球公益文化。今天，世界上超过一半的亿万富翁居住在美国以外，但是只有两个非美国的亿万富翁签署了捐赠诺言。这个数据说明，在美国以外的地方，公益的发展大大地落后了。

原因是明显的。李嘉诚在2006年的一次演讲中说道：“在亚洲，我们传统的价值观鼓励甚至要求财富世代相传。我呼吁并希望能够说服你们，如果我们有条件这样做，我们就应该超越这种传统观念。即使我们的政府还没有对捐赠文化的支持机制，我们也必须从心里将社会建设看做是一种与抚养孩子相同的义务。”

两位签署了捐赠诺言的非美国人都来自于亚洲。陈志远，1952 年出生，是成功集团的 CEO，该集团的业务涉及多个领域。2010 年，他以大约 13 亿美元的资产登上福布斯亿万富豪榜。在 20 世纪 80 年代开始从商之前，他先后做过职员和保险经纪人。1982 年他购买了马来西亚的麦当劳连锁店，1985 年他购买了被政府私有化了的体育彩票博彩公司，在 2011 年 4 月 14 日，他签署了捐赠承诺，承诺将自己至少一半的财富捐赠出来用于慈善。

中国最著名的慈善家陈光标，成为这个国家第一个宣布响应盖茨和巴菲特的捐赠承诺活动，承诺捐赠自己财产的人。陈光标承诺在他死后，会将其大约 4.4 亿美元的财富捐赠用于慈善。

安哲秀，一位韩国的软件企业家，正在创立一个拥有 1.95 亿美元资产的基金会来解决他自己国家的收入不平等问题。这个贡献将使他成为韩国最大的公益家之一。正如图 5－3 所示，尽管韩国人均亿万富翁的数量是美国的三分之一，但这个国家几乎没有公益的历史。

按人均亿万富豪数量衡量，欧洲拥有一大批财富精英，但其公益水平是非常低的。当然，创业和公益之间的纽带，这一源于自由民主制和自由市场的美国发明，是不会轻易地在没有这些价值观的欧洲国家里整合起来的。

尽管公益在美国之外几乎不存在，但慈善确实起到了重要作用，尤其是在印度和中东。这些地区的慈善采用了一种非常传统的形式：照顾穷人。因此，盖茨基金会的影响在美国以外的地方似乎是有限的。比如在印度，该国有重要的慈善机构，盖茨的倡议在那里几乎没有任何影响。尽管如此，这在印度激发了一次关于富人回馈社会的道德义务的讨论，并且导致了对更多的道德模范的呼唤。

7.6 结论

现在这个世界需要什么？在全球范围内，尤其是在美国，许多人认为，世界需要更多的企业家精神和公益。确实，我们可以利用更多的创新来解决许多问题，但是我们需要的是更多创新性的创业和较少的模仿性的创业。

尽管如此，但我还是不能确定这就是我们最大的需要。我们刚经历了如同野火一样在全世界蔓延的信息革命。今天，40 亿人或者说世界上总人口的 60％都拥有手机。从来没有哪种技术能够传播到那么多人、传播得那么快和传播得那么广。也许，促成美国繁荣的要素意味着，这个世界现在需要得更多的机会——也就是说需要更多的公益。在人类发展的这一时点上，我们正站在决定我们能否抓住未来的关键点上。因此，为了能够为更多人创造机会，总体而言，今天我们需要的是更多的公益、较少的慈善，这样才能保障我们集体的未来。

正如美国前总统克林顿所说（见第 1 章），今天世界面临的问题不是由政府自己就能够解决的。许多问题是全球性的，并且需要有全球性的解决方法。在公益性捐赠和政府资金的共同支持下，已经有成千上万的非营利组织正在解决全球贫困和疾病问题。这种创业和公益之间的相互促进将能够帮助这个世界完成其创造财富和机会的双重义务。

美国的做法是否会被一些国家效仿，这是一个现在还无法回答的问题。尽管美国的金钱也部分用于解决全球问题，但这个世界还有非常多的问题有待解决。如果美国以外的六百位亿万富豪都能够从事公益——这意味着为个人创造机会来满足经济发展的需要。可是，全球的金钱应该用来做什么呢？美国式自由市场经济的历史告诉我们，我们应该将其用于创造机会、创新、财富和公益。我们如何才能做到呢？

美国为中产阶级提供教育，并且将它与本地经济发展密切联系起来，因此，我们从美国三个世纪的试验中学到的一件事情就是建立研究型大学是一种投资，能在未来带来巨大的收益。想一想卡耐基梅隆大学或者斯坦福大学对一个发展中国家的未来意味着什么。如果墨西哥首富卡洛斯·斯利姆（Carlos Slim）能够在墨西哥捐赠一所世界级的研究型大学——一所能够与世界上其他国家的学术天才相竞争的学校——想想它能够给墨西哥在创新和研发方面带来多大的转型影响。

美国式自由市场经济一方面寻求着企业家精神和公益之间的相互依赖，另外一方面努力保持着财富与机会之间的平衡。尽管创业活动会带来的财富分配的不平等，但美国式自由市场经济还是应该得到鼓励，因为从历史来看，企业家创造出来的许多新财富又被回馈给社会，用于建立对未来经济增长有积极影响的机构。与其让政府通过税收来约束富人，不如通过机会的创造让富人来推动社会的变迁。比如，反对黑奴制的斗争中就有一些非常富裕的支持者，在创建美国那些伟大的大学时也一样。如果我们关掉让富人积累财富然后回馈社会的大门，那么我们也就关掉了创造财富的大门，这对一个创业社会有着非常深远的影响。

在21世纪，维持美国式自由市场经济需要做些什么呢？需要一个全球的公益革命！通过公益，财富分配的不平等能够被导向知识创造，为下一代创造机会。维持全球市场经济的发展需要来自世界各国的亿万富豪的远见和投资。如果新生代富人也加入这个队伍，那么在随即到来的公益黄金时期，投资将导致机会、创新和未来经济相互促进，在这个世纪我们的世界将继续繁荣昌盛。

尾声　　改变税法

对于每一次改善人类处境的明智努力，其主要目标之一，并且常常是唯一的目标，是在很大程度上实现机会的平等。

——西奥多·罗斯福

几年前，我和我的家人在法国南部度假。在圣特罗佩（Saint-Tropez）的一个晚餐后的傍晚，一小拨人聚集在码头，这群人正围着一辆全新的黄色法拉利。为什么如此大惊小怪？在这样一个富人和名人云集的地方，一辆豪车没有什么可以让人兴奋的。不过，让人们躁动的不是这辆汽车——而是车身上的留言。在挡风玻璃上有一条用亮红色的口红写的留言："波比，送给你的十八岁生日，爱你的妈妈。"

本书认为，将收入滥用于个人消费对社会是有害的，将财富用来维持一种阶级结构也是如此。最近这些年来，富人们挥霍无度，以此来吸引公众的羡慕。比如，一个限量版的普拉达鳄鱼皮手袋的卖价是4.1万美元，几乎相当于一个美国中等家庭一年的收入。

罗伯特·弗兰克建议处理第一个问题——防止收入滥用于个人消费的办法是制定累进消费税。它不是一种销售税或者增值税，这些税种都没有考虑个人收入。个人应该报告他们的收入和每年的积蓄。税收应该基于应税消费，比如在圣特罗佩的那辆价值 35 万美元的法拉利，而不应对储蓄征税，因为储蓄能带来投资。奢侈品的开支是受环境影响的，我们都想赶时髦。如果我们都是加尔文主义者（Calvinists），就没有人会在消费支出上超过自己的邻居了。但我们并不是加尔文主义者，同时正如凯恩斯提醒我们的，个人利益和社会利益并不总是一致。因此，利用税收激励将有助于推动我们进行对社会有益的投资，远离对社会无益的炫耀性个人消费。

累进消费税既得到了右派，也得到了左派的支持。密尔顿·弗里德曼甚至在 1943 年的一篇文章中提出累进消费税是减少炫耀性消费并鼓励投资的最好方式。这样那些想规避消费税的人就会增加他们的投资。沃伦·巴菲特走得更远，他要求对富人征收更高的税负。他认为通过投资赚钱的人应该比通过劳动赚钱的人缴纳更高的税负。他还建议对投机所得征收高得多的税率，那些受到政府救助的公司如果经营失败，其 CEO 和董事应该破产。

我们的第二个问题是利用财富来维持一个阶级结构。在这一点上，左派和右派不总是能够达成一致。尽管这两个问题相互联系（进行炫耀性消费的是富人），但它们的解决方法是不同的。这里，我们需要处理的是“财富”而不是“收入”。没有人喜欢遗产税。凭什么你父母财产的一半在他们去世后应该归国家所有？这是愚蠢的！你努力工作给孩子们留下的东西，一半都蒸发了。但实际上，问题并不在这里。遗产税不是关于家庭农场的，它是关于美国式自由市场经济的。正如托克维尔写道：“对于民主来说，最重要的不是巨额财富不应该存在，而是巨额财富不应该一直留在同样的人手里。这样的话，社会存在富人，但是他们不会形成一个阶级。”

在 2001 年，密尔顿·弗里德曼号召废除遗产税：“把你的钱花在放纵的生活上——不用交税；将你的钱留给你的孩子——首先要被征税人员拿走一部分。这就是遗产税传递的信息，这是一条坏信息，遗产税是一种有害的税收。反对遗产税主要应从道德的角度来看：遗产税是在对道德征税——节俭地生活和积累财富。”劳伦斯·萨默斯（Lawrence H. Summers）表示了一种非常不同的观点，正如《华盛顿邮报》所报道的：“‘就实质性的观点来看’，提倡废除遗产税的法律制定者提供的证据，‘是坏得不能再坏……当涉及遗产税的时候，背后唯一的原因就是自私。’”小布什在其第二届任期内开始着手削减遗产税，尽管许多人赞成这个做法，但其他一些人则认为遗产税在我们这个多元化的社会中起到了很重要的作用。那么我们为什么需要遗产税？答案可能不是你所想的。

在本书中，我已经提出美国式自由市场经济与其他形式的市场经济的不同在于它一直以来着重于财富的创造（企业家精神）和财富的重组（公益）。公益是一个隐性的社会契约的一部分，这个契约规定超过某个数量的财富应该回归社会。

个人有积累财富的自由，但是，所积累的财富必须通过投资流回社会来创造机会。在这个意义上，美国是一个新型的国家，是人的性格和社会角色转变的产物。这种新的性格在自主和自力更生等方面具有前所未有的力量，但是又通过新形式的机构权威和内部约束来致力于集体的利益。从历史来看，美国创造的这些新财富大多都已回馈给社会，用于建设促进未来经济增长的社会机构。尽管人们已经广泛认识到 19 世纪伟大的公益家为后来的财富创造和社会稳定奠定了基础，但这还没有被量化或纳入私人与公共的成本和收益的框架。

然而，在今天，捐赠的价值还没有得到广泛的认同，甚至在美国也是如此，在那里富人已从再利用财富以实现社会利益最大化的挑战前退却。在 21 世纪，维持市场经济需要一种在新贵中复兴的公益精神。维持全球的市场经济需要远见和投资，以及让美国式自由市场经济成功的那些思想的传播。

一百多年前，安德鲁·卡耐基将公益作为他的《财富的福音》的中心内容。对卡耐基而言，问题不仅仅是如何获取财富，同样重要的还有如何处理这些财富。他建议亿万富翁不应该将巨额财富留给他们的继承者或者按照他们的遗愿进行慈善捐赠，而是应该在他们的有生之年将财富作为一种公共信托资金进行管理。超过一亿美元的财富，当然也包括超过十亿美元的财富，应该通过公益而不是税收回到社会。卡耐基认为，遗产税是维持我们伟大的多元化社会基础的一种保险政策。

没有遗产税，美国的公益很有可能还是会存在的，正如在遗产税开征前一样。正如本书已经显示的，在美国式自由市场经济的历史和文化中似乎有一些特有的东西在维持着公益捐赠。因此，遗产税几乎不是慷慨解囊的必要条件，无论是否有遗产税，许多捐赠承诺活动的参与者都将会朝着他们的公益性目标前进。然而，当前美国一如既往地依赖于经济和社会健康的重振，在这个时候冒险削弱公益将是愚蠢的举措，因为公益在美国的整个历史中已经与促进机会创造和创新紧密地结合起来了。

承诺信

为什么有些人会捐赠十亿美元？这是一个非常有意思的问题。而为什么他们会在今天这样做比询问一百年前某个人为什么会这样做更有意思，因为我们能够更好地与我们自己所处的时代联系起来。那些签署了捐赠承诺的人都写了一封信来解释为什么他们会选择捐赠。所有 91 封信都能够在捐赠承诺活动的网站上找到，并且值得一读。所有这些信我都研究过，它们在我的研究中起到不可或缺的作用。我得到许可将其中一些信在这里印出来。我收录了比尔·盖茨和梅琳达·盖茨以及沃伦·巴菲特的信，因为他们在捐赠承诺活动中起到了非常重要的作用。我也收录了大卫·洛克菲勒（富豪家族）和迈克尔·米尔肯（Michael Milken）（新富），以及分别来自大卫·罗宾森（David Rubenstein）、乔治·凯撒（George Kaiser）、彼得·彼得森（Peter Peterson）的三封最有意思的书信：他们都出身卑微，并且认为捐赠是他们应该做的正确的事情。

比尔·盖茨和沃伦·巴菲特

2009 年 3 月 4 日

大卫·洛克菲勒先生

洛克菲勒广场 30 号 5600 房

纽约 10112

亲爱的大卫：

我们两人已经就我们在公益方面的经验进行了充分的交流，我们认为最好能将十多个有共同想法的人聚在一起来扩大这个讨论。我们的目标是分享观点和讨论我们是否可以做得更多来支持和鼓励其他还没有达到同样地步的人。

我们都敬佩您和您的家庭为公益所带来的协作精神。所以我们想先找您商量，看看您是否有兴趣跟我们一起来发起这次讨论。我们想在纽约开一次会。比尔在未来三个月中大多数时候都不在国内，我们俩在 5 月 5 日的时候有空，我们希望这个时间您也有空来参加。

谢谢您的关注。比尔明天或者周五会给您打电话和你商量这件事情。

您最忠诚的，

比尔·盖茨

沃伦·巴菲特

沃伦·巴菲特

我的捐赠承诺

2006年，我承诺将我所持有的伯克希尔·哈撒韦公司（Berkshire Hathaway）的全部股票逐步捐给公益基金会。我为这个决定感到非常高兴。

现在，比尔和梅琳达·盖茨和我一起，正在请求数百位美国的富人将他们财富的至少50%用于捐赠。所以我想，在这里重申我的意图和解释背后的想法是合适的。

首先，我的承诺：我的财富的99%以上将会在我的有生之年或者我去世以后捐给公益。以美元计算，这是一笔金额巨大的捐赠。然而，相对而言，许多个人每天给予别人的东西更多。

数百万人长期将钱捐赠给教堂、学校和其他组织，放弃了这些资金本来可以给他们自己家庭带来的好处。这些人放入募捐盒子或捐给联合慈善总会的美元意味着他们为此放弃了观赏电影、出去晚餐或者其他的个人愉悦的活动。和他们相比较，即使我捐赠自己99%的财产，我的家人和我也不需要放弃任何我们需要或者想要的东西。

此外，这份承诺不会让我捐掉我最为珍贵的财产，也就是时间。许多人，包括我的三个孩子，花费了他们自己大量的时间和精力来帮助别人。这种礼物常常被证明比金钱更有价值。一个奋斗中的孩子，能够得到一位细心的导师的友爱和照顾，这份礼物的价值远远超过了一张支票所能够给予的。我的姐姐多丽丝（Doris）每天都在给予别人（个人对个人的）帮助，但我很少这样做。

然而，我能够做的是拿来一堆伯克希尔·哈撒韦公司（Berkshire Hathaway）的股票——这些“股票”变现以后能够控制大量的资源——

我可以将它们用于资助那些在命运的抽签中抽到下下签的人们。迄今为止，我的股份大约有20%已被捐赠出去（包括我已故的妻子苏珊·巴菲特所捐赠的股份）。我将会继续每年捐赠我所持有的股票的4%。在我的资产清算后最迟10年内，我希望我所拥有的伯克希尔股票能够悉数投入公益事业。这些钱将不会用做长期性捐赠基金，但我希望它们能用来解决人们的眼前之需。

这个承诺不会改变我的生活方式和我孩子们的生活方式。他们已经得到了足够的金钱用于满足个人的需要，并且会在未来得到更多。他们过着舒适且非常好的生活。而且，我将会继续我的生活方式，能得到我生命中想要得到的一切东西。

虽然一些物质上的东西让我的生活更加快乐，然而还有许多物质上的东西却不能让我的生活变得快乐。我很享受拥有一架昂贵的私人飞机，但是，拥有半打的房子却会成为一种负担。很多时候，占有各式各样东西的最终结果是它的主人被这些东西所支配。我认为最有价值的财产，除了健康之外，就是拥有幽默有趣、个性多彩、长久相伴的朋友们。

我之所以能够拥有现在的财富，还要拜以下三点所赐：生在美国、一点幸运基因，以及广泛的兴趣。我的孩子们和我都赢得了我所称的“卵巢彩票”（以我为例，20世纪30年代能够出生在美国的几率是30：1，加之作为一名白人男性，我得以规避当时社会上许多人面临的巨大的障碍）。

生活在一个市场体制中更凸显了我的幸运，尽管这种市场体制间或许会出现问题，但整体上看多数时候还是能够很好地服务于我们的国家。在我所工作的这个国家，那些在战场上拯救别人生命的人会被授予勋章，好老师会被回报以来自学生家长的感谢信，而那些能够发现证券错误定价的投资者，则会被飨以数亿美元的财富。一言以蔽之，命运的安排反复无常，无人能确定谁会抽到上上签。

我的家人和我对我们的异常好运的反应不是愧疚，而是充满感恩。假如我们把多于1%的财富花在自己身上，我们的快乐和健康都不会再得到加强。然而，剩余的99%的财富将会给其他人的健康和福利带来巨大的影响。这个现实给我和我的家人指明了道路：保留我们所需要的，将剩余的赠予社会，来满足社会的需要。这份捐赠承诺，就是我们踏上慈善之路的开始。

沃伦·巴菲特

比尔和梅琳达·盖茨

全世界的父母都会尽最大的努力给自己的孩子们提供好的机会。他们致力于给孩子们提供每一种能够帮助他们实现自己梦想的机会。

然而，对大多的父母而言，他们给予自己家庭更好的生活的梦想都破灭了。在美国，他们的孩子得不到获得成功所需要的教育。在发展中国家，他们的孩子们死于那些在发达国家早就已绝迹的疾病。

多年前，当我们开始了解全球健康问题的时候，我们震惊地了解到一种很容易预防的疾病——轮状病毒——每年会造成 50 万孩子的死亡。飞机坠毁常常会成为头条新闻，然而，这个每年害死数 10 万孩子的杀手，大多数人却连它的名字都叫不上，更不要说去消除这个疾病。

我们已经将我们绝大多数的财产捐给比尔和梅琳达·盖茨基金会用来帮助避免如上那些可以预防的死亡，并且推倒其他阻止人们获得健康和教育的障碍，从而使人们能够拥有更好的生活。我们的原则是：所有的生命都拥有同样的价值。换句话说，这意味着，我们相信每一个孩子都应该拥有成长、梦想并且成就大事业的机会。

我们的好运大大超过了我们最初的期望，对此我们心怀感激。但是因为我们获得的财富非常巨大，所以我们觉得有责任把它们用好。这就是为什么我们非常高兴能够通过参与捐赠承诺活动来表明我们的态度。

捐赠誓言活动的想法源于我们与其他捐赠者一起进行的讨论，我们讨论了正在做的捐赠活动以及在公益中哪些做法是行得通的，哪些行不通。每个人都分享了捐赠如何让他们的生活更加丰富多彩的体验；每个人都被他人的激情深深地感动，深受鼓舞，愿意去做更多的贡献。

对我们夫妻二人而言，我们每天都看到令人振奋的进步，但是，还有更多的工作需要去完成，我们非常荣幸成为这次捐赠承诺的一分子。

比如，对我们而言，疫苗是一种奇迹，是一支支装满希望和承诺的试管。我们的世界在这方面已经取得了很大的进步，为千百万的儿童注射了疫苗，但是仍然还有数百万的孩子死于可以预防的疾病。

所以，我们想要确保这些救命的疫苗能够让每个需要的人都得到，而且我们还能够研发出新的疫苗。

我们看到美国的教育制度在取得同样的进步。我们访问过那些正在打破旧的束缚，为每个孩子进入大学和独立生活提供准备的学校。这些学校是伟大的，但是，这样的学校还不够多。我们现在的任务是确保每一个学生能够得到同样的机会在大学和生活中取得成功。

我们俩都很幸运，在成长的过程父母教导我们了一些重要的价值观：勤奋工作、尊重他人、有幽默感。如果命运正好赐予了你天赋或者财富，你就有责任尽量用好它们，现在我们希望将这个榜样传给我们自己的孩子。

我们感到非常幸运能够有机会一起将我们管理的资源回馈社会。通过参加捐赠承诺活动，我们相信我们的捐赠将会更加有效，因为我们会花费大量的时间致力于这项活动。我期待着分享我们从中获得的经验，同时也希望能从其他人的经验中得到启示。

最真挚的祝愿，

比尔和梅琳达·盖茨

乔治·B. 凯撒（George B. Kaiser）

2010 年 7 月 26 日，

21468 号信箱

Tulsa，俄克拉何马州 74121－1468

(918) 491－4501

我觉得我写下我的慈善承诺很大程度上是因为内疚。很早以前我就认识到，我的好运气不是因为某种优越的个人特点或者个人行为，而主要是因为运气好。我很幸运地出生在一个上层社会家庭，拥有非常关爱我的父母。于是，我得到了基因（赢得“卵巢彩票”）和成长的优势。当我环顾四周那些没有这些优势的人们时，我很清楚，我有道德义务利用我的资源来帮助纠正这种不平衡。

美国的“社会契约”是机会平等。这是我们的建国文件中最重要的原则，也是让我们区别于旧欧洲的根本之处。然而，我们没有能够实现这个原始的目标；实际上，近年来我们还在倒退。美国社会另外一个鲜明的原则是公共部门和私人部门之间通过共享的合作伙伴关系来促进公众利益。因此，如果以民主为导向的公共部门正在从某种程度上减少它所承担的创建公平竞争环境的责任，那么这个责任将更多地转移到私人部门。

当我思考我从事慈善的目的时，所有这些是非常清楚的：我所拥有的一切主要是源于自己的好运；我有道德和义务来帮助那些因为出身不好而落后的人们；美国的根本原则是机会平等，但是我们还远没有实现。这样，我不得不深入确认慈善的目的来尽可能纠正那些错误。

近年来干细胞研究和大脑发育的研究给我提供了一些导向。尽管我们大多数人从小就接受了机会平等的思想，但是我们中大多数人同时也相信一种没有说出来而且和机会平等的思想不一致的“小秘密”，即成功在很大程度上是由基因决定的，因此平等是无法实现的。然而，新的研究成果似乎认为大脑细胞的功能不是在出生的时候形成的，只有通过脑细胞之间的交流——出生后不久对感官刺激以试错的方式进行解读——才能够形成我们的认知和社会与情感能力的发展。正如我有时候开玩笑说，我清楚地记得出生前我所在的地方是温暖的、湿润的、黑暗的……也是无趣的。随后突然，随着我的出生，我被大量的感官刺激轰炸着，必须去解读所有这些奇怪的刺激。大多数的解读发生在三岁以前；之后，我们仍然能够改变我们的命运，但是要难得多。

没有一个孩子能够对她的出生环境负责，也不应该在其随后的生活中为此受到惩罚（我将把第二次机会的问题留给其他人来解释）。这样，我将自己慈善的重点放在了为每一个孩子提供最大的实现自我的机会上，关注那些来自弱势群体的孩子们。一个更加单纯的重点应该是放在世界上那些更加贫穷的地区，在那里很少的美元就能起到很大的作用。我非常敬佩比尔和梅琳达·盖茨基金会所秉承的“每个生命都有平等的价值”的原则，但是，我为什么将关注的重点放在美国在这里就不详述了。这种想法引导我们实施了一些措施以扭转贫困的代际循环，尤其是针对非常年幼的儿童和他们的家庭，这些措施包括：对准妈妈们进行产前保健；为三岁以前的“问题”儿童的早教和发育提供资助；提高家庭保健咨询；对家长进行培训；对有孩子的家庭进行扶持；为那些非暴力犯罪的母亲们提供一个代替监禁的处罚机制等等。

这些努力关注的主要是贫困产生的原因，但我们也在致力于将资源用于解决贫困的现状，尤其在那些困难时期和在我们这个国家相对贫困的地区。我们执行了一系列的项目，包括食物、衣服、居住、医疗保健，有些项目是前沿性的，但更多的是借鉴别人具有创造性的做法和依照别人的经验。我们企图用我们的榜样来影响其他的资源，包括公共的和私人的。我们试图不让预算来推动我们的开支，而是以一个恰当的成本来做真正有实效的事，无论其费用高过还是低于我们预先的分配。我们让核心组织机构保持精练，并且与我们所致力的领域的领先者进行合作。我们倾向于按照我们的目标行事，并对目标结果进行认真的即时监控，而不是随意抛洒我们的礼物并听信于受益者事后的简单叙述来认定我们的成功。总的来说，这是一个令人陶醉但也让人心力交瘁的旅程，由一支非常投入的天才的领导队伍带领着。

现在我告诉你们的已远远超过了你们想知道我是如何作出我的捐赠承诺以及捐赠决定的，现在是我承诺的时候了：我听从由沃伦和比尔向那些积累了过多资源的人发出的有远见的呼吁，愿意捐赠至少一半以上的财产用于比延续自己的家族王朝更有用的目的。我的家人过着非常富足的生活，他们愿意和我一起将我们几乎所有的金融资源用于我一生所致力的慈善目的，我们的经验和其他人的经验让我们对其中的细节已经有了相当的了解。如果有足够多的新人跟随比尔和沃伦，那么我们可能就更加接近于在美国和全世界实现机会平等的理想。

乔治·B. 凯撒

迈克尔·麦尔肯和劳拉·麦尔肯

2010 年 12 月

亲爱的沃伦、比尔和梅琳达：

我们很久以来一直都认可“捐赠承诺”的原则。慈善是我们早年就在学习的东西，无论是在初中时，我们骑着自行车在社区为美国癌症协会募集硬币，还是后来在高中时我们参加社区服务。从 20 世纪 70 年代我们开始正式从事公益项目的时候起，我们作出的捐赠已经能够确保我们在有生之年将绝大多数的财产分配出去。

我们在 30 多岁时启动了旨在促进教育和对抗威胁生命的疾病的慈善项目，后来 1982 年我们建立的家庭基金会使这些项目正式化。我们的目标是发现和促进创新的和有效的办法来帮助人们和他们周围的人过上成功和满意的生活。我们主要通过在教育和医疗研究方面的工作来实现这个目标。

在教育领域，我们的重点是寻找、认可和激励优秀的教师，并开发那些能够帮助美国的教育重夺在全球领先地位的项目。在医疗研究方面，我们致力于促进基础和应用科学的研究，但同时也支持医疗保健项目以确保所有社会成员的利益。来自这两个领域的挑战都是紧迫的，我们很清楚我们应该立即行动，而不是等几十年后留下一份遗产。

我们从参与慈善活动中获得了很多感悟：

• 在这种世界里，我们的孩子们能否充分发挥他们的潜能，取决于我们能否成功地为所有孩子提供机会；

• 无论是在教育领域或是医疗研究领域，对有潜力的青年才俊的早期资助比将来给他们颁布终身成就奖更有用。

• 最有效的项目能够创造一种环境，吸引来自不同组织和领域的人们聚在一起——比如，产业、学术和政府研究人员——来加速新发现的过程。

• 公益远远不止是填写支票。它需要创业的方法来找出最佳实践，并且赋予人们改变世界的能力。

• 跟随你的热情走。我们相信，公益家在开始捐赠前应该首先询问自己最关心的是什么。强烈的信念能够提供善始善终地完成一个项目的动力。

尽管，我们有能力为一系列项目提供财务支持，但我们相信，贡献时间和传递知识与捐赠金钱同样重要。当捐赠者能够同时贡献技能时，大额捐赠的影响会被进一步放大。没有什么能够代替你卷起袖子，与那些能够给这个世界带来变化的人一起大干一场。他们从你的参与中获益，而你则对真正的问题和潜在的解决方法有了直接的了解，这会让你成为一个更加明智的捐赠者。

谢谢你们给我们这个机会写下我们的诺言。

您最忠诚的，

迈克尔・麦尔肯，劳拉・麦尔肯

彼得·G. 彼得森

2010年6月17日，

沃伦·巴菲特先生，

主席

伯克希尔·哈撒韦公司

奥巴马，NE68131

亲爱的沃伦：

我非常高兴地承诺，我计划将我的大部分财产捐献给公益事业。正如你知道的那样，我已经准备好了。

能够这样做我非常高兴，原因如下：

我的父母是希腊移民，他们17岁的时候来到美国。他们只有小学三年级的文化水平，一点点英语也不懂，而且包里几乎没有一分钱。他们的梦想就是美国梦，不仅仅是为了他们自己，而且还为了他们的孩子。

我父亲接受了一份其他人不愿意做的工作——在联合太平洋铁路一辆蒸气弥漫的餐车里洗盘子。他在那里吃饭和睡觉，把他能够挣到的每一分钱都存起来。他用这些积蓄顺理成章地开了一家希腊餐馆，开店的25年时间里，每年365天每天24小时都在营业。在此期间，他一直寄钱给他在希腊的贫穷的家人，并且救济了无数到他餐馆后门来敲门的饥饿的穷人。他最想做的是把钱存下来，投资于他的孩子们的教育。

我看到了父亲的榜样，并且向他学习，我注意到他给予别人的赠予也给他带来了许多的快乐。的确，在今天，为那些我认为值得的公益事业进行捐赠给我带来的快乐，要比挣钱给我带来的快乐更多。当我跟其他的公益家聊到此事的时候，我发现这是一个非常普遍的现象。

比如，我特别乐意支持我关注的，而且我能够为其奉献金融资本的公益活动或者机构。例如，彼得森国际经济研究所、对外关系委员会，以及我与参议员沃伦·路德曼（Warren Rudman）和保尔·聪格斯（Paul Tsongas）共同创建的协和联盟。

伟大的小说家库尔特·冯内古特（Kurt Vonnegut）曾经讲过一个几乎完美地描述了我的处境的故事。一次，他和约瑟夫·海勒（Joseph Heller）去参加一个由某富有的对冲基金经理举办的晚会，地点在位于长岛富人和名人云集的夏季度假胜地汉普顿的一座辉煌的海滩别墅。库尔特和约瑟夫都因为对生命的荒谬的讽刺而成名——库尔特的畅销小说包括《屠宰场》和《冠军的早餐》，约瑟夫的畅销书则是《第二十二条军规》。在晚会中，库尔特环顾四周，问海勒："乔，这个人一天挣的钱比你的《第二十二条军规》的全球销售的收入都要多，你就没有感到不舒服吗?"乔想了一会，然后回答到，"没有，不会的。因为我拥有一些他没有的东西。""你有什么东西是他没有的呢?"库尔特问到，"我知道'知足'的意义。"我父亲也常常说同样的话。

当我享受着一笔最令人吃惊的超过10亿美元的意外之财，再加上黑石集团——我是该公司的共同创始人——IPO带来的收益时，我不禁想，我应该拿这些钱来做什么?

在2007年，我认为我已经拥有太多的钱，于是很高兴地把一笔10亿美元的金额捐给彼得·彼得森基金会和其他一些我非常关注的公益事业。

我的基金会做出的第一笔重要捐赠，是用于解决全球面临的最大威胁——核武器的扩散。山姆·拉恩是我认识并非常敬重的一位国会前参议员，他一生大部分的时间都致力于这项事业。

我也非常关心我们正面临的国内的重大威胁，其中的一些威胁是不可否认的、无法持续的，但从政治上来看，又是不能触碰的。比如我们许多人依赖的，但实际上缺乏资金支撑的各种福利承诺，我们不断膨胀的外债，这与我们非常低的储蓄率一起，让我们变得非常脆弱，甚至威胁我们的国家主权。当然，还有我们不断高涨的，有可能让我们的经济破产的医疗费用。

我们通过基金会设法教育、激励和激发公众为解决这些问题做出努力。

我是一个非常幸运的美国梦想者，但是我想要看到这个梦想能够在我的 5 个孩子和 9 个孙子这两代人身上仍然能够成真。但是，从我们现在所走的道路来看，我担心我传递给他们的巨额隐性债务和难以置信的税收会威胁到他们的未来。说到底，我认为这种财政上寅吃卯粮或抵押未来的做法，随便人们怎么称呼它，不仅仅是一个经济问题，也是一个国家安全问题，而且从根本上看是一个道德问题。

由于这个严峻的政治挑战，以及我们国家明显不太愿意付出为了应对这个挑战所需的共同牺牲，毫无疑问，许多人都在说我的基金会的目标不仅狂妄，而且鲁莽。为此，我引用我的母校芝加哥大学教授乔治·斯蒂格勒的话，“如果你没有选择，你就不会有问题。”我问自己这个悲哀的问题：再过 10 年或 20 年，当我回过头来看并问道，我们为什么会给我们的后代留下这样的问题？我们怎么会作出这样的事情，不仅仅是对美国，而且是对我们自己的孩子们？我将是怎样的感觉？还会有比这个更坏的感觉么？我们真的无法找到一种能够接受的其他办法么？

最后，沃伦，你和比尔·盖茨比任何人都更清楚美国的私人公益做得多么有特色。

非常感谢你们，并祝贺你和比尔·盖茨在这项最有价值的事业中发挥的重要的领导作用。

最好的祝福，

彼得·G. 彼得森

大卫·洛克菲勒

公益承诺

2010年7月21日

公益家们尽他们最大的努力，试图解决严峻的社会问题，并且不时找到能够带来长久变化的创新。成功需要的不仅是财务资源，钱当然很关键，但好的想法也同样重要。否则，就可能有既浪费资金，又浪费机会的风险。有效的公益行为也需要有耐心——需要耐心来处理意外的障碍；需要耐心来等待第一次和细微的变化；需要耐心来聆听别人的想法。

我的家族已经有五代人体验了公益带来的真正满足和快乐。我们推动建立了一批重要的机构，包括芝加哥大学、洛克菲勒大学、现代艺术博物馆和洛克菲勒兄弟基金。通过公益活动，我们家族中的许多人亲身参与了应对诸如贫困、健康、可持续发展和环境恶化等全球性的严峻挑战。我们的家庭会继续共同坚守这个信念，即从我们的经济制度中获益最大的那些人应该负有特别的责任，以一种有意义的方式来回馈社会。

沃伦·巴菲特和比尔、梅琳达拥有同样的信念，并且挑战其他人在有生之年或去世以后将他们财产的一半用于公益。我很高兴地说，这也是我长期以来的打算和我实际践行的，我也很高兴能够被邀请参加这个重要的活动。我希望，其他人也能接受这个挑战。

我也希望我们扩大公益的范围、与他人合作以及在公益事业中不仅寻求金融资源，同时也寻求创新思想和耐心的努力，使之成为我们一起留给未来社会的礼物的一部分。

大卫·洛克菲勒

大卫·罗宾森

和许多积极响应比尔·盖茨和沃伦·巴菲特的号召的人一样，当我还是一个年轻人或一个年轻的专业人士的时候，我无论如何都不会想到，我会处在一个人们（我的至亲家人以外）会关注我将如何处理我的金钱的位置。这是因为我没有想到我会有这么多钱，我也没有想到一位专业人士有可能积累这么多的财富，这甚至不是一个我特别期待的结果。

我出生和成长于巴尔的摩的一个普通的蓝领背景的家庭。赚大笔的金钱——以及这些金钱的分配——并不在我的理想目标之内。

我的目标是在学校尽可能取得好的成绩，从而能够得到奖学金进入大学和法学院，然后可以当上律师，并且实现一个长期的理想——或许是受到肯尼迪总统就职演说的影响——在律师行业和各种政府职位上来回转换。实际上我也踏上了这条路：我毕业于芝加哥大学法学院——在可观的奖学金的支持下——先后在纽约的保尔、维斯、瑞福肯德、沃顿和加里森事务所（Paul，Weiss，Rifkind，Wharton & Garrison）做律师，然后(其中运气远多于技能）在从法学院毕业的3年后，我成为了卡特总统的国内政策副助理。

我希望我能够在白宫待上8年——然而选民们显然认为4年任期对我而言已经足够了——然后过上一种在政府和在某家知名的华盛顿律师事务所之间来回转换的生活。我的目标是每次在政府工作时，都能够做一些对公众有益的事情。一个华盛顿的律师的收入水平是不可能积累大笔财富的，但是足够用于满足我的比较简朴的生活需要以及养活家庭的需要。

与其他很多积累了巨额财富的人们一样，我的生活并没有按照我所期望的方向发展。我在离开白宫后接着又做了几年律师，随后，我意识到我并不是一名出色的律师。我越来越怀疑在我的律师职业和政府职位之间不断往返的想法（尤其当我拥有了自己的家庭之后），而且我感到我应该尝试去做一些我更喜欢的事情，而不是法律或者政府工作。

因此，我在华盛顿创办了一家小型投资公司——这是一件在 20 世纪 80 年代后期的城市中很少见的事情。我最早的合伙人和我努力筹集到第一笔 500 万美元作为注册资本，随后我们花了许多年的时间努力去争取投资者和其他人的认可——一种大多数企业家在创业早期阶段常见的经历。

但是大约二十五年之后，这个小公司成长为世界上最大的私募股权投资公司之一，为公司的创建者和公司的许多其他人创造了比我们预期或者梦想多得多的财富。

在我自己的个案中，我一直比较目光狭隘地致力于企业的发展，很少花时间在公益事业上，直到我 54 岁的时候。那时我读到一篇文章说，平均而言，一个男性白人可以活到 81 岁。这意味着，如果我能够活到平均水平，我已经过完了我一生的三分之二的时间。我不想在过完我最后三分之一的时间，临死的时候躺在床上，然后让别人按照他们认为合适的方式分配我积累的财富（即便我会在遗嘱中留下一些指示）。我也认为，我的财富——可能一直到我去世的时候——已经远远超过了我的家庭的需要。

因此，我决定介入公益的世界，并且确实从那以后就被卷进去了。在接下来的 7 年时间里，我参与公益的方式可能不是那样系统。我为各种各样的表演艺术、教育、医疗、文学、公共服务、文化事业和机构等提供捐赠——那些我认为有意义的事情，以及那些在早年曾经对我非常有帮助的机构，或者我认为现在能够对别人有很大帮助的机构。我现在在数十个非营利的组织担任董事——数量太多，以至于我无法专注于任何领域。但是我喜欢这些董事会、这些公益事业以及它们服务的目标。

但是我认识到，如果想对一个组织和某项公益事业产生显著的影响，就必须要集中使用资源，并且利用这些资源引发变革——并且致力于确保这些资源引发的变革是正确的变革。我正在朝这个方向前进，并且希望——如果我能够活到 81 岁的话——能够在那个时候带来许多这样的变革。

幸运的是，我所贡献的资源中有一些有望在我有生之年给组织或者公益事业带来变革性的好处。

虽然我签署了捐赠承诺，但我并不需要去做比我已经计划了要做的事情更多的事，正如当比尔·盖茨向我谈起捐赠承诺这件事时，我告诉他的。实际上，我已做好了安排，确保我的财产中超过一半的部分会用于公益目的。

因此，尽管我参与了捐赠承诺活动，但我已经计划了要做的事情和正在做的事情已经超过了捐赠承诺的要求，所以我并不需要去做什么更多的事情。但是，我感到捐赠承诺活动是一个非常积极的举措，被邀请成为其中的一员，我深感高兴和荣耀，原因如下：

（1）如果拥有可观资源的个人公开承诺捐赠至少一半的财富，那么这个国家其他拥有可观财富的个人可能会受到激发，也决定这样做——这将会是一个积极的变化，尤其是当这些人之前没有想到或者认为有义务捐赠这么多钱的时候。

（2）如果围绕捐赠承诺活动的宣传影响了其他美国人，我希望它能激励那些拥有不多的资源、拥有平均水平或者高于平均水平资源的个人，使他们都能够做出同样的承诺——对他们自己、他们的家人或者对公众。这种捐赠金钱的方式不应该被认为只是我们周围这些最富裕的人的一种义务——或者是一种快乐。每个人都能够给予，也应该给予，并且每个人都能够感到，也应该感到，他们的礼物可能会给世界带来一些好的变化。如果每个有能力的人都能够捐赠一些公益性礼物，那么这个国家将会因这些礼物而变得更好，而捐赠者也肯定会对自己感觉更加良好。

（3）不幸的是，公益行为在目前更多的是美国的特有现象，而不是全球的现象。我希望这个捐赠承诺活动也能在国外激发起类似的努力。尽管在其他国家这样的努力可能会集中那些最富裕的个人中，但我还是希望，所有拥有各种资源的个人都能够增加他们的捐赠，并且在这样做时感到他们是在帮助他们的国家和人类。

就我自己的例子来看，我想要增加最后一点，这点超出了捐赠承诺活动的追求。我希望在我活着的时候就履行我的承诺，捐赠自己的财富。我知道没有人会真的知道自己能够在地球上活多久，因此，根据自己的寿命来计划自己的捐赠是困难的，如果不是不可能的话。但是我喜欢看到我捐赠的效果——当这些效果显现出来的时候，在我活着的时候能尽可能多地享受这种快乐。

我知道其他参加这个活动的人——现在或者将来——可能有着不同的想法。但是，我还是希望那些加入到承诺中来的人们——以及受这个活动的激励而增加他们的捐赠的人们会加快他们的捐赠节奏，从而使这些捐赠给这个世界带来的好处来得快一些。那会让这个世界尽可能快的好一些。看着自己捐赠的财物给别人带来帮助也是一个人生命中最大的快乐之一。当他们已经快要看到效果的时候，那些有能力这样做的人应该尽可能去经历这种快乐。他们绝不会因此而后悔。